50이라면 마음청소

50SUGITARA MONOHA HIKIZAN KOKOROHA TASHIZAN
© Sachiko Oki 2013

Originally published in Japan in 2013 by SHODENSHA Publishing Co.,Ltd., TOKYO,
Korean translation rights arranged with SHODENSHA Publishing Co.,Ltd., TOKYO,
through TOHAN CORPORATION, TOKYO, and EntersKorea Co.,Ltd., SEOUL.

마음에는 버릴 것과
살릴 것이 있다

오키 사치코 지음
김진연 옮김

50이라면
마음청소

CHANGE MY LIFE

50, 마음청소를 한다는 것

'오늘 하루는 어땠어?'

하루를 마무리하면서 스스로에게 질문을 던져본다. 다시 오지 않을 오늘이라는 시간 동안 나름 만족스러운 시간을 보냈나, 그렇지 못했나.

특별한 일 없이 지나가는 날이 있는가 하면, 이 나이가 되어서도 여전히 다른 사람에게 실망하고 큰 실수를 저질러 자책감에 휩싸일 때가 있다. 그럴 때 필요한 것이 마음청소다. 50 이후부터는 삶의 독소를 빼고, 안과 밖의 균형을 잡기 위한 내적 디톡스가 필요하다. 마음을 청소한다는 것은 지혜롭게 나이 드는 방법을 터득하는 일이다.

나이 듦의 즐거움 중 하나는 어느샌가 무슨 일이든 복잡하게 생각하지 않고 자연스럽게 받아들일 수 있다는 것인데, 이 즐거움은 시간이 선물해주는 것이 아니다. 꾸준히, 스스로 시간을 견뎌내며 마음을 청소하는 자만이 얻을 수 있는 기쁨이다.

오늘 하루를 돌아보는 잠깐의 반성은 내일을 여유롭게 살아가기 위해서도 중요하다. 잠자리에 들기 전에 갖는 5분 남짓의 명상은 오늘의 쓸모없는 부분을 떼어내고 가벼운 마음으로 내일을 맞이할 수 있게 만들어주는 나만의 귀중한 리셋 시간이다. 그다음은 모든 것을 잊고(이것이 중요하다) 편안하게 잠자리에 든다.

심신의 에너지를 소모하게 만드는 일이 없었던 날은 그 사실에 깊이 감사하고, 그날을 내일을 살아갈 에너지로 삼는다. 여러 일이 겹쳐 정신없었던 날은 '아직도 수련이 부족하구나' 하며 마음에 긴장을 풀고, 깊이 생각하지 않는다. 슬프고 가슴 아픈 일이 있었던 날은 눈물을 흘리고 어떻게 하면 마음을 치유할 수 있을지 생각한다.

세상사에 관심을 기울이고 우울한 사건이든, 기분 좋은

일이든 냉정하고 객관적으로 바라보려고 노력해야 한다. 인생이라는 여정에는 슬픈 일, 괴로운 일, 억울한 일, 기쁜 일들이 예사로 생긴다. 삶이 부과하는 희로애락을 끊임없이 겪어내는 것이 인간의 숙명이다.

눈물, 실망, 분노와 같은 부정적 감정은 마음은 물론 몸에도 부담을 준다. 나는 마음이 무거워지고 우울해질 때는 냉정함을 되찾아 나쁜 감정에 휘둘리지 않도록 노력한다. 반면 즐거운 일, 기쁜 일은 몸과 마음 모두에 좋은 영향을 미친다. '하하하!' 웃으며 하늘을 향해 두 팔을 활짝 벌려 몸과 마음을 풀어주고 기쁨을 만끽한다.

나는 길가에 핀 이름 없는 잡초에 감사하고 매일매일의 집안일 속 작은 아이디어나 생활 속 새로운 발견에서 기쁨을 찾는다. 돈도, 시간도 들지 않는 이러한 습관들이 노후의 내 인생을 풍요롭게 만들어주리라 기대한다.

또한, 나는 오래 살고자 애쓰지 않는다. 다만 하루하루를 몸과 마음 모두 알차게 보내기 위해 노력한다. 한 사람이 인생을 허투루 보내지 않고 알차게 보낼 수 있는 지혜와 방법은 자기 자신과 밀접한 생활 속에 숨어 있다. 우리 안에는, 우리의 하루에는 생각보다 많은 행복의 가능성이 담겨 있다.

이렇게 하루하루를 살아가다 보니 나이가 들수록 살아가는 데 필요한 것은 그리 많지 않다는 생각이 든다. 지금부터는 자기 자신에게서 쓸데없는 부분을 떼어내고, 그만큼 마음은 더 여유롭고 가볍게 만드는 일이 중요하다.

우리의 생활 속에서 쓸데없는 부분은 '빼내고', 빼낸 만큼 마음에 '더해주는' 것이 중요하다. 자신의 몸과 마음의 상태를 알아야 한다. 지금부터라도 부담이 되지 않는 청소와 정리정돈 습관을 들여야 한다. 진정한 변화는 여기에서 시작될 것이다.

이는 다양한 경험을 쌓아온 지금의 우리이기에 가능한 일이다. 앞으로 펼쳐질 인생 '후반부'는 머리카락 휘날리며 정신없이 살아가기보다 지금까지의 경험을 살려 능숙하게, 아름답게, 조금은 멋있게 살고 싶다. 지금까지 몸과 마음이 겪어낸 경험을 살려 밝은 노후를 향해 자신 있게 한 발 한 발 나아간다면 행복하지 않겠는가?

지금부터 내가 풀어나갈 이야기가 여러분이 상상도 하지 못했던 에너지를 이끌어내고 앞으로의 인생을 즐겁게 만들어줄 것이다. 이 책은 지혜롭게 나이 드는 법을 알고 싶은 당신을 위해 쓰였다.

차례

1장 50이라면 마음청소를 해야 할 나이

마음의 때를 벗기는 청소법이 따로 있다

2장

3장

50부터 익혀두면 좋은
마음청소의 원칙

4장   50부터는 눈치 보지 말고 욕망을 해방하라

1장

50이라면 마음청소를 해야 할 나이

CHANGE MY LIFE

주변이 어수선하면
일이 마음대로
풀리지 않는다

요즘 미니멀라이프에 대한 관심이 크다. 유행처럼 번지고 있는 미니멀라이프는 소유와 소비에 지친 현대인의 피로감을 반증하는 현상이다. 불필요한 것을 끊고, 버리고, 집착에서 벗어나고자 하는 욕망은 인간의 여러 본성 중 하나에 가깝다. 더 나이가 들기 전에 생활 전반을 정리하는 것은 50 이후 구비할 수 있는 최고의 경쟁력이다.

세간의 관심이나 유행을 따를 필요는 없다. 하지만 깨끗한 집에서 깔끔하게 노후를 보내고 싶다면 분명 지금부터 조금씩 물건을 줄여나가야 한다.

아름다운 사람은 머문 자리도 아름답다. 나는 이 세상을 떠날 때는 내가 있던 자리를 정갈하게 정리해서 아름답게 떠나고 싶다. 이 글을 읽는 당신도 그렇지 않은가? 이런 생각이 들면 내가 너무 많은 물건을 소유하고 있다고 느껴질 것이다. 부모님이나 가까운 가족 중 누군가를 먼저 떠나보낸 경험이 있는 사람이라면 잘 알겠지만, 유품 정리는 여간 힘든 일이 아니다. 소유하고 있는 물건들에 신경이 쓰이고 주변 환경이 조금은 달리 보이기 시작할 것이다.

'쓸모없는 물건은 버리고 심플하게 살고 싶다!'라며 자기 주변부터 정리해볼 요량으로 잡다한 물건들에 손을 대보지만, 마음처럼 일이 풀리지 않을 것이다. 오히려 그 마음이 부담으로 다가와 우울해지기도 한다.

실제로 익숙하지 않은 일을 하려다 심적 부담을 느끼고, 여기에 갱년기까지 겹쳐 우울증 상태에 빠진 사람을 본 적이 있다. 평범한 사람이 갑자기 생활을 바꾸기는 쉽지 않다. 깔끔한 방에서 마음을 풍요롭게 하려고, 여유로운 생활을 위해 정리정돈을 시작했는데 나중에 '그게 있으면 좋았을 텐데. 괜히 버렸네' 생각한다면 곤란하다.

숲속에 있는 나의 집.
아버지의 책을 모은 책장을 따로 마련했다.

여러분 방에 있는 물건은 여러분을 비추어 주는 거울이다. 그렇다면 좀 더 소중히 다루어야 하지 않을까?

물건은 기간을 정해 놓고 서서히 '줄여나가야' 한다. 여든아홉 살의 나이에 돌아가신 나의 아버지는 약 10년에 걸쳐 조금씩 당신의 소지품을 줄여나갔다. 아버지가 휠체어 생활을 하게 되자, 두 평 남짓의 서재에서 책상과 의자가 사라졌다. 아버지 생전 마지막 가구는 침대와 몇 벌의 옷을 넣어 놓은 옷장뿐이었다. 서류나 책은 당신 손으로 조금씩 처분하신 듯 서른 권의 역사서와 고전 전집밖에 남아 있지 않았다.

언젠가 차분히 읽으실 요량으로 즐겁게 모았을 그 책들은 아버지가 남겨주신 유일한 유품으로 내가 여름휴가를 보내곤 하는 숲속 집 책장에 꽂혀 있다. 원래 물건에 집착하지 않는 담백한 성격의 아버지였기에 추억이 담긴 물건을 조금씩, 자연스럽게 자신에게서 분리하셨으리라.

반대로 물건에 집착이 강한 나는 아버지와는 다른 방법으로 하루에 하나씩 버리기를 목표로 조금씩 물건을 줄여나가기 시작했다. 그럼에도 떠나보내기 어려운 물건에는 '나만의 원칙'도 만들어 두었다. 이 원칙에 따라 작년에는 365개 이상의 물건을 줄일 수 있었다. 또 물건을 늘릴 때도 자기 나

름의 원칙을 세워 두면 점차 능숙하게 자기 자신을 통제할
수 있다.

10년 후, 20년 후의 생활을 생각하며 물건을 줄여나가는
습관을 들이면 지금까지 인생을 살아오면서 짊어진 '마음의
짐'도 정리정돈할 수 있으리라.

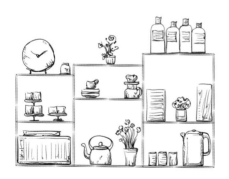

물건을 줄이기만 한다고 전부는 아니다. 예를 들어 식물 하나로 이렇게나 방 분위기가 부드러워진다. 별로 손이 가지 않는 튼튼한 식물을 골라 키워 보자.

마이센Meissen 식기는 독일에서 생활할 때 조금씩 사 모은 것이다. 선반의 식기는 모두 물려줄 사람이 있다.

사랑스러운 테디 베어를 좀처럼 떠나보낼 수가 없다. 마음이 내킬 때까지 시간을 두고 천천히 이별하고자 한다.

마음청소가
안된 나,
내 나이로 보일까?

어떤 모임에서 나보다 나이가 많을 거라고 생각한 사람이 나와 같은 해에 고등학교를 졸업했다는 사실을 알고 깜짝 놀랐다. 그 일 이후 가끔 거울 앞에 서서 이런 생각을 한다. 아직 젊다고 자부하지만 과연 남들 눈에 나는 '내 나이로 보일까'?

누구나 실제 나이보다 젊어 보이고 싶다. 인간의 노화 과정을 보면, 40대까지는 그다지 나이 차가 느껴지지 않는다. 하지만 50대, 60대가 되면 외관상 나이 차이가 확연히 드러난다. 그때까지 하루하루를 어떻게 살아왔는지, 어떤 삶을 살아왔는지가 외관상의 차이로 나타나는 것인지도 모른다.

얼마 전 아흔한 살의 어르신과 함께 골프를 쳤다. 다리도 튼튼하고 목소리에 힘이 넘치는 그분은 우리의 걱정을 뒤로하고 무사히 1라운드를 마쳤다. 나는 말했다.

"어르신, 정정하시네요! 비결이 있나요?"

"아무리 세상이 재미없어도 희망을 가져야지! 아무리 작은 희망이라도 말이야."

어르신은 해사한 미소를 지으며 그렇게 우리를 격려해주셨다. 긍정적인 마음으로 밝게 희망을 향해 나아가는 사람은 여든 살이든, 아흔 살이든 주위 사람이 보기에 아름답다. 마치 청년처럼 빛이 난다.

일상생활 속 물건을 줄여 환경을 개운하게 정리하면 마음마저 말끔해지는 것을 경험할 수 있다. 마음을 정리정돈하면 희망이 찾아온다. 인생이 밝은 기운으로 채워진다. 삶에 이보다 중요한 것이 또 무엇이 있겠는가?

로마는 하루아침에 이루어지지 않았다. 평소 꾸준히, 세심하게 마음을 관리해 나가는 일이야말로 중요하다. 나이를 먹을수록 마음을 여유롭고, 온화하게 유지할 수 있는 서랍을, 가능하다면 가슴에 다 품을 수 없을 정도로 많이 쌓아 올려야 한다.

'재미없는 세상을 재미있게 만드는 것은 마음일지니.' 어렴풋이 기억하는 시구다. 이 글을 읽으면 긍정적인 마음가짐의 중요함이 절실하게 다가오고, 마음먹기에 따라 인생이 크게 바뀔 수 있을 것만 같다.

나는 생활 속 여러 부분에 즐거움이 넘쳐나는 작은 장치들을 심어놓으려고 한다. 인생을 살아가면서 작은 일에도 웃을 수 있다면 힘든 일이 닥쳐도 흔들리지 않고 극복해 나갈 수 있으리라 믿는다.

때가 더 찌들기 전에
바로바로
관리하는 마음

깔끔하게 정돈된 공간은 기쁨을 준다. 정돈된 공간만이 주
는 고적한 단정함과 쾌적함은 찌든 마음의 주름을 편다. 가
끔 자원봉사차 홀로 사는 어르신 댁에 방문한다. 물건이 넘
쳐나고 청소가 제대로 되지 않아 지저분하기 그지없는 방
을 보노라면 마음이 아프다. 정돈되지 못한 주변 환경은 나
이가 들어 신체 기능이 떨어져 물건을 처분하거나 지저분한
상태를 해결할 만한 체력과 기력이 부족해서인지도 모른다.
또는 한 사람 한 사람이 느끼는 더러움의 가치가 다르기 때

문인지도 모른다.

방의 모습은 다 다르다. 방은 지금까지의 그 사람의 인생을 이야기해준다. 나이가 들수록 다른 사람에게 "정말 깔끔하게 사시네요"라고 듣고 싶은 법이다. 적어도 나는 그렇다. 어쩌면 어렸을 적 기억 때문인지도 모른다.

친척 중에 정말 깔끔한 것을 좋아하던 할머니가 계셨다. 돌아가신 어머니의 의붓어머니뻘 되는 분이셨는데, 그 할머니 집에 갈 때마다 반짝반짝 윤이 나게 닦아놓은 석유 난로(당시만 해도 장작이나 석유를 활용한 난로가 대중적인 조리 기구였다)에 나도 모르게 눈이 가던 것을 지금도 기억한다.

할머니는 나를 위해 간단한 요깃거리를 만들어주셨다. 익숙한 손놀림으로 요리를 마치면 할머니는 곧바로 젖은 행주로 난로 전체를 정성스레 닦아내셨다. 그 손놀림이 너무나도 자연스러웠고, 그것은 할머니의 습관이었다. 잔열이 남아 있을 때, 때가 더 찌들기 전에 '쓰고 나면 바로바로 관리해주는' 습관.

할머니의 습관은 그로부터 수십 년 후 내가 독일에서 생활하기 시작할 무렵, 깔끔한 것을 좋아하던 독일인에게 배운 습관과 같았다. 50년 이상이나 세상을 먼저 살았던 동양

외가 쪽 친척 할머니가 몸소 가르쳐주신 습관. 가스렌지를 사용한 후에는 잔열이 남아 있을 때 행주로 더러워진 부분을 닦아낸다. 잘 지워지지 않는 찌든 때도 바로 닦아주면 쉽게 제거할 수 있다.

의 할머니에게도 독일인과 똑같은 지혜가 있었던 것이다.

할머니의 익숙한 손놀림은 주방 앞 정원에 가냘프게 피어 있던 하얀 꽃과 함께 무더운 여름날의 그립고 아름다운 추억이다. 할머니가 청소를 좋아하셨는지, 싫어하셨는지 모르겠다. 하지만 그것은 중요하지 않다. 좋은 습관을 갖는 것은 취향보다는 인내와 성실함과 관련이 있다.

이 글을 읽는 당신이 청소하기를 좋아하느냐 싫어하느냐 역시 중요하지 않다. 적어도 체력이 있는 젊은 시절부터 더러움을 그냥 내버려두지 않는 습관을 들인다면 나이가 들어서도 정갈하고 깨끗하게 생활할 수 있다.

50부터는
주변만 정돈해도
마음청소로 이어진다

본래 청소는 체력과 시간이 드는 일이다. 청소하기를 좋아하는 사람조차도(그런 사람은 별로 없지만) 젊었을 때는 힘들게 느껴지지 않던 청소가 나이가 들면서 심적으로나, 육체적으로나 힘들게 느껴지는 법이다. 나이 쉰 살을 넘어서면 앞으로의 모습을 떠올리며 미래를 준비해야 한다.

겁줄 생각은 없다. 길어야 한 세기를 살다 가는 것이 인간의 운명이다. 하지만 육체의 노화는 그 속도를 줄일 수는 있을지언정 완전히 막을 수는 없다. 그 '준비체조'로 나이가 든

후에도 할 수 있는 청소방법을 지금부터 섭렵해야 한다. 한 살이라도 젊을 때 시작하는 편이 확실히 습관을 들일 수 있기 때문에 이상적이지만 지금도 늦지 않았다.

나는 청소 전문 사업체를 운영하고 있다. 신입 사원이 입사하면 제일 먼저 이렇게 이야기한다. '청소를 좋아하지 않아도 된다. 대신 청소를 잘할 수 있어야 한다.' 이것이 청소 전문가가 되기 위한 첫 번째 마음가짐이다. 우리 회사 매뉴얼 첫 페이지에 적혀 있는 말이기도 하다.

정해진 시간 안에 얼마나 깨끗하게 전체 청소를 마무리할 수 있는가. 이것이 바로 청소 전문회사의 정신이다. 한정된 시간에서 최대의 효율을 끌어올리는 스킬을 활용하면 쓸데 없는 움직임이 사라지고 몸도 지치지 않는다. 이를 알고 있을 때와 알지 못할 때의 차이는 하늘과 땅 차이다. 청소하는 데 할애할 유무형의 자산이 충분하다면 걱정할 부분이 아니겠지만 말이다.

지금부터 깨끗한 공간 만들기의 달인이 될 수 있는 프로의 기술을 전수하겠다. 여기서 중요한 것은 항상 청결하고 아름다운 방은 자기 아닌 다른 사람의 눈에도 '아름답게' 느껴져야 한다는 점이다. 아름답다는 말은 객관적인 평가이기

거실에도 소품은 최소한으로 둔다.
창가에 있는 나무 촛대는 20년이 넘은 애장품이다.
점점 더 멋이 살아나고 있다.

때문이다. 다른 사람이 안심할 수 있을
정도로 편하고 청결한 방이 '아름답다'.
두말할 필요도 없이 그곳에 사는 사람이
제일 행복하다. 잊지 않기 바란다. 공간
을 정리정돈한다는 것은 마음청소로 이
어진다는 것을.

CHANGE
MY
LIFE

2장

마음의 때를
벗기는 청소법이
따로 있다

CHANGE MY LIFE

일이 바쁘다는
핑계가 이젠
통하지 않는 나이

30~40대 시절의 나는 일이 바쁘다는 핑계로 천성적으로 청소를 싫어한다는 간판을 당당히 내걸고 살아왔다. 때때로 먼지로 뒤덮인 더러운 방을 떠올리며 양심의 가책을 느끼기도 했다.

그때는 늘 시간에 쫓겼다. 아침 일찍 집을 나섰다가 어두워지고 나서야 집에 돌아오는 일상을 살았다. 그렇게 바쁘게 살았기에 먼지나 더러움을 신경 쓰지 않고 지낼 수 있었던 것일까? 또 그때는 기력과 체력이 넘쳐나는 젊음도 있었다. 하지만 집에 들어서는 순간 더러운 방을 보면 심적으로 나, 육체적으로나 피로가 두 배로 늘어나는 것만 같았다.

그때를 떠올리면 무지 때문이라고 해야 할까, 젊은 혈기 때문이라고 해야 할까. 악몽과도 같은 쓸쓸한 기분이 들곤 한다. 집안에서 오랜 시간을 보내는 지금의 나로서는 집이 쾌적하지 않은 생활은 상상조차 할 수 없다.

그랬던 내가 청소 전문회사를 시작한 지 올해로 27년이 되었다. 믿어지는가? 그렇게 청소를 싫어하던 내가 어떻게 다른 회사도 아닌 청소 전문회사를 차릴 수 있었을까?

독일에서의 생활은 내 인생에 크나큰 전환점이 되었다. 나는 당시 근무하던 회사에 휴직계를 내고 독일에서 막 생활하기 시작했다. 분주하게 새로운 생활에 적응하던 어느 날이었다. 독일에서 내가 살던 집의 '유리창이 더럽다!'라는 이유로 청소귀신인 무서운 집주인에게 혼이 나고 말았다. 집주인은 나에게 프로 창문청소업체를 소개해주었다. 바로 이것이 '청소 전문회사'를 설립한 계기가 되었다.

당시 일본에서는 집 청소는 당연히 주부의 몫이었고, 도저히 감당이 안 될 때는 가정부를 부르는 방법밖에 없었다. 빌딩을 청소해주는 회사는 있어도 집 청소를 전문으로 하는 회사는 없었다. 나는 사실 일본에 있을 때부터 청소 프로그램을 만들어 아르바이트를 구하는 여대생들에게 아웃소싱을 하곤 했다.

프로의 솜씨까지는 아니더라도 내가 아닌 다른 누군가가 청소해준 반짝반짝 윤이 나는 욕조에 몸을 담글 때면 말로 형용할 수 없는 기쁨을 느낄 수 있다. 그렇기에 독일에서 프로 청소업체를 만났을 때, 가슴이 벅차오를 정도로 크게 감동했다.

'고국으로 돌아가면 청소회사를 만드는 거야. 회사 이름은 FRAU GRUPE(그루페 부인)로 하자.'

그렇다. 그루페 부인은 내 인생을 크게 바꾸어준 은인, 무서운 마녀와도 같았던 청결을 너무나도 좋아했던 집주인의 이름이다.

보이는 더러움

vs

보이지 않는 더러움

더러운 창문을 가리키며 나를 혼내던 그루페 부인의 말을 나는 지금도 기억하고 있다. 타향살이의 서러움과 성인이 된 뒤 집주인에게 듣는 채근의 말이 반가울 리 없었지만, 그녀의 말은 내 가슴에 각인될 만한 힘이 있었다.

"직접 청소하지 못하겠으면 나처럼 프로 청소업체에 부탁하도록 해요. 시간이 없다거나 체력이 부족하다거나 하는 건 집이 더러운 이유가 될 수 없어요. 만약 직접 청소한다면 더러워지기 전에 움직여야 해요."

독일에서 집주인에게 혼이 난 이후 유리창을 항상 반짝반짝하게 유지하고 있다. 나이가 들어서도 이 상태를 유지하려면 한 번에 0.5평 크기를 기준으로 삼아 청소해야 한다. 50부터는 시간, 장소, 범위를 미리 정해 두는 청소가 중요하다. 자기 자신의 기력이나 체력을 잘 파악하여 절대 무리하지 않도록 하자.

"더러워지기 전에요?" 나는 되물었다.

"그래요! 더러운 게 안 보여도 정기적으로 쓸고 닦으면 항상 집이 깨끗하지요."

이것이 내가 독일에서 배우고 지금도 실천 중인 청소기술의 가장 중요한 포인트다.

'더러워지기 전에 하라고? 그게 무슨 말이야?' 이렇게 생각하는 사람이 많으리라. 하지만 방법은 간단하다. 더러움에는 '보이는 더러움'과 '보이지 않는 더러움'이 있다. 그리고 더러움은 눈에 보이지 않는 더러움이 어느새 쌓이고 쌓여 서서히 시간을 두고 생겨난다.

눈에 보이는 더러움을 제거하는 작업에는 닦아서 광을 내는 작업 등이 추가되어 시간과 체력은 물론 도구까지 필요하다. 하지만 눈에 보이지 않는 더러움은 쓱 닦아내거나 털어내기만 해도 간단히 제거할 수 있다.

여러분의 몸과 마음의 건강도 마찬가지다. 무슨 일이든 아직 드러나지 않았을 때 조치하고 정기적으로 스트레스를 발산시켜주는 일이 중요하다. '더러워서 신경 쓰이니까'가 아니라 '깨끗함을 유지하기' 위해 청소하는 것이다.

쓸모없는
움직임을 빼면
마음청소가 즐겁다

집을 깨끗하게 유지하는 일은 하루하루를 알차게 보내기 위해서도 중요하다. 이를 위한 청소나 집안일은 다른 사람에게 일부분 맡긴다고 할지라도 여러분이 주인공이 되어 청결을 유지해야 한다는 점이 중요하다.

체력이 충분할 때는 부지런히 집 안 구석구석을 빠짐없이 쓸고 닦을 수 있다. 하지만 나이가 들면 들수록 집안일이나 청소가 심적으로나, 육체적으로나 귀찮기만 하다. 속세를 떠난 사람이라면 몰라도 청소나 정리정돈 모두를 나 몰라라

할 수도 없는 노릇이다. 그렇다면 어떻게 하면 좋을까? 청소
하는 방법을 무리하지 않는, 편안한 방식으로 바꾸어 나가
면 된다.

그렇다. 쓸모없는 움직임이 없는, 짧은 시간 안에 할 수 있
는 능숙한 청소의 지혜. 이제부터 중요한 것은 청소의 지혜
다. 마음청소 역시 마찬가지다. 쓸모없는 움직임을 '빼면' 몸
도, 마음도 훨씬 편해진다. 지금까지 이야기한 내용은 내가
일하면서, 책을 집필하면서, 또는 텔레비전이나 잡지의 취
재 등에 응하면서 거듭 강조해온 프로의 '청소 비법'이다.

이 비법을 활용하여 여러분에게 딱 맞는 '빼 나가는 청소'
습관을 제대로 만들자. 이것이 시간과 체력을 낭비하지 않
고 깔끔한 생활을 유지할 수 있는 최대 비결이다.

능숙하게 청소하면 시간과 체력을 조금만 들여도 된다.
그 결과 청소에 드는 여러분의 체력과 시간을 줄여나갈 수
있다. 청소에 시간과 체력을 소모하지 않는다면 여러분의
마음은 그만큼 피로해지지 않고 즐겁고 편안하다. 또한 일
주일 대부분을 청소에서 해방될 수 있다. 남은 시간을 자기
자신을 위해 할애할 수 있어 여유롭고 알찬 하루하루를 보
낼 수 있다. 그러면 확실히 마음은 더욱 풍요로워질 것이다.

50이라면
꼭 알아야 할
청소의 4대 원칙

지인 중에 50대 후반의 전업주부 A가 있다. 매일매일 몇 시간씩이고 청소하는 데 시간을 보낸다. '여기가 더러워졌네' 싶으면 깨끗해질 때까지 몇 시간이고 빡빡 닦아낸다. '청소하는 게 제일 좋다!'라고 이야기할 정도로 자칭 깔끔쟁이다. 하지만 실상은… 미안한 이야기지만 A의 집은 전혀 깨끗하지 않다.

청소 전문가인 내 눈에는 아무리 안경을 고쳐 쓰고 다시 봐도 항상 분주하게 움직이는 것 치고는 무언가 좀 부족하다. A는 청소할 때 자기 기준에 깨끗한지 아닌지만 신경 쓸 뿐 다른 사람 눈에 어떻게 보일지는 전혀 생각하지 않기 때문이다.

철저하게 빡빡 문질러 닦은 부분만큼은 분명 깨끗하다. 하지만 그 주변은 어떨까? 다른 곳은 또 어떨까? 다시 말해 나무만 보고 숲을 보지 못하는 격이다. A처럼 청소에 시간을 할애하고도 다른 사람 눈에는 깨끗하게 보이지 않는 일은 사실 꽤 많다.

깨끗함을 좋아하는 독일인들도 청소가 좋다며 청소만 하는 사람을 '청소귀신'이라 부르며 조롱하곤 한다. 가끔, 간헐적으로 청소해도 항상 아름답고 청결한 방을 유지할 수 있는 사람은 집안일을 잘한다며 존경받는다. 분주하게 움직이며 모든 기력과 체력을 쏟아붓는다고 해도 다른 사람이 '어머, 깨끗하다' 하며 감탄하지 않는다면 여러분의 가사 능력은 높게 평가받지 못한다.

나는 여전히 청소하기를 좋아하지 않는다. 자랑은 아니지만 '청소를 잘한다'라고 자부할 수는 있다. 청소를 좋아하지는 않지만 더러운 방보다는 쾌적하고 아름다운 방에서 살고 싶다. 그편이 마음이 안정되기 때문이다.

완벽까지는 아니더라도 우리 집은 항상 고만조만 '깨끗하고' 쾌적하다. 언제 손님이 방문해도 '집이 어질러져 있다'고 당황할 일도 없다. 쾌적한 환경을 유지하는 데 내가 꼭 준수하는 네 가지 원칙이 있다.

| 1 | 청소도구나 세제는 간단하게 구비한다. 꺼내기 쉬운 정해진 위치에 놓는다

청소도구나 세제는 심플하게 최소한의 수량만 갖추도록 하자. 나는 청소도구로는 먼지떨이, 청소기, 수건을, 세제로는 중성세제와 클렌저cleanser(주로 규산 광물 등을 연마재로 포함한 식기 및 금속기 세정세제 - 옮긴이)를 사용한다. 이것만 있으면 충분하다. 항상 깨끗한 환경을 유지할 수 있다.

나는 수건 하나로 어디든 청소한다. 마른 수건과 젖은 수건만 있으면 집안 어디든 깨끗하게 청소할 수 있다. 청소도구는 사용한 후 그때그때 빨거나 관리한다. 다음번에 바로 사용할 수 있도록 말이다.

| 2 | 일상생활에서 '더러움 빼기'를 습관화한다

사용한 물건을 쓱 '한번 닦아준다'. 평소에 생활하면서 무언

지금 우리 집 현관 모습이다. '맨발로 다닐 수 있도록'을 모토로 삼고 있다. 그
렇다고 딱히 하는 일은 없다. 더러움이 눈에 띄면 쓱 닦아내고, 카펫이 더러워
지면 끝부분을 잡고 가볍게 털어준 후 제자리에 가져다 놓을 뿐이다. 이러한
작은 습관이 쌓이고 쌓여 깨끗함을 만든다.

가 행동할 때마다 더러움을 빼 나가면 '그래, 해보자!' 하고 기합을 넣지 않아도 어느새 더러움에서 해방될 수 있다. 독일에서 돌아온 이후 줄곧 이를 습관으로 삼아왔는데, 시간이 흐를수록 이 청소방법이 소중하다.

| 3 | 같은 동작을 '동시에', '오랜 시간' 반복하지 않는다

5분 안에 제거되지 않는 더러움은 그 이상 같은 동작을 반복한다 해도 없어지지 않는다. 찌든 때는 몇 번에 걸쳐 닦고 문질러서 조금씩 없애나가는 편이 지치지 않는다. 50대에는 '더러움은 완벽히 제거할 수 없다'라는 체관의 경지에서 무슨 일이든 담담히 받아들이는 일도 중요하다.

기름때와 물때를 동시에 닦거나 문지르지 않는 것도 지혜로운 청소 비결 중 하나다. 예를 들어 주방 기름때 청소를 한 후에 욕실 청소를 하면 상당히 피곤하다. 물과 기름은 청소 세계에서도 궁합이 안 좋기 때문이다.

이 외에도 바닥을 닦는 동작과 유리창을 광나게 닦는 동작은 같은 날에 하면 몸이 매우 피로하다. 청소하기를 좋아하고 체력에 자신이 있다 해도 격렬한 동작을 무리하게 하면 몸과 마음 모두 고갈되기 마련이다. 문질러서 광을 내는

체력소모를 줄이는 청소법, 그 첫 번째

바닥은 딱 5분, 청소기로, 일주일에 한 번은 마른 대걸레로 닦는다.

체력소모를 줄여주는 청소법, 그 두 번째

마음에 드는 소품을 모아둔 코너는 쌓여가는 먼지가 신경 쓰이기 마련이다.

우리 집의 경우 이런 장소를 청소할 때면 먼지떨이가 맹활약한다.

먼지떨이 대신 수건으로도 가능하다.

청소와 그냥 닦는 청소는 따로 구분하는 요령이 필요하다.

| 4 | 청소 시간과 장소를 정한다

'한군데만', '5분 이내'를 모토로 삼는다. 쓱 닦기만 해도 70 퍼센트의 더러움은 제거할 수 있다. 이것만으로도 충분히 깨끗하고 그렇게 보일 수 있다. 특히 넓은 장소, 체력이 필요한 장소는 한꺼번에 다 하려고 하지 말고 반드시 시간을 분배해 청소한다.

50부터는
청소도구도 마음도
단순함이 중요하다

50대 이후를 살아가는 데는 단순함이 가장 중요하다. 청소도구도 마찬가지다. 여러분 집에는 어떤 청소도구들이, 얼마나 많은가? 예상하건대 대부분 집에는 '복잡해서 사용하지 못하고', '언제 샀는지도 알 수 없는', '있다는 사실조차 잊어버린' 청소도구가 상당히 많을 것이다.

너무 중요해 거듭 이야기하겠다. 청소하는 데 특별한 도구는 필요 없다. 먼지떨이, 청소기, 수건. 나의 3대 청소도구다. 세제로는 중성세제와 클렌저를 사용한다. 이것만 있으면 항상 깨끗한 환경을 유지할 수 있다.

나는 수건 하나로 어디든 청소한다. 5년 전에 이에 관한 책을 한 권 냈는데, 과분한 사랑을 받았다. 나에게는 그저 당연한 청소방법일 뿐인데, 그 당연한 것이 세간에서는 꽤 신선했는지 당시 티브이 방송에서 내 청소방법을 소개했었다. 프로그램의 사회자였던 인기 탤런트가 유머러스하게 노래하며 청소방법을 소개해 화제가 되기도 했다.

청소회사를 차릴 때부터 쭉 간직해온 궁극의 청소 비법을 담은 책이지만 사실 내 쾌적한 노후의 삶을 위해 쓴 책이기도 했다. '수건 한 장으로 끝내는 청소'는 나이가 들면 들수록 더욱 중요해지는 청소법이다.

청소회사를 설립한 지 30여 년. 나는 청소는 '좋아하고', '싫어하고'를 떠나 '잘하는 것'이 중요하다고 믿는다. 거듭 이야기하지만, 능숙한 청소법이란 시간과 수고를 들이지 않고 쉽게 깨끗하게 만드는 방법을 말한다. 청소도구는 수건처럼 다루기 쉽고 언제든 바로바로 꺼내 쓸 수 있는 간단한 것이 최고다. 수건만 제대로 활용할 수 있다면 청소는 힘들지 않다. 또 체력이 떨어지기 시작하는 노후 생활에도 도움이 된다.

마음청소에도
수건이 최고인
5가지 이유

수건은 정말 최고의 청소도구임을 절감한다. 마치 마법에 걸린 것처럼 손쉽게 집 안 구석구석을 깨끗하게 만들어주기 때문이다. 이 글을 읽는 독자 중에는 내 말이 과장이라 생각하는 분도 있을 것이다. 그런 분들에게 감히 권한다. 속는 셈 치고 낡은 수건 하나로 필자의 청소방법을 가볍게 실행해보기 바란다. 당신의 생활공간이, 삶의 질이 달라질 것이다.

수건의 좋은 점은 다음의 다섯 가지로 집약할 수 있다.

| 1 | 어디든 수납할 수 있어 공간을 차지하지 않는다

수건을 수납하는 장소는 의자 밑이든, 테이블 밑이든 어디는 상관없다. 공간을 차지하지 않고 쉽게 꺼내 쓸 수 있다.

| 2 | 소재가 좋다

수건은 흡수력이 좋다. 흠집을 내지 않아 안심하고 사용할 수 있다. 나는 면 100퍼센트 수건을 사용한다.

| 3 | 수건 한 장이면 어떤 청소든 할 수 있다

수건 한 장으로 털어내고, 쓸어내고, 닦아내고, 광을 내는 등 청소의 모든 기본동작을 할 수 있다.

| 4 | 모양을 자유자재로 바꿀 수 있다

손에 감아주면 솔이 된다. 또 접어서 사용하면 여러 면을 사용해 닦아낼 수 있다.

| 5 | 몇 번이고 빨아 쓸 수 있다

수건은 천 기저귀처럼 빨아서 말리면 몇 번이고 사용할 수 있어 친환경적인 생활eco life을 만끽할 수 있다.

시간도 수고도
들지 않는
더러움 빼기 3종 세트

매일 우리 집 청소는 '닦아내기'만으로 끝난다. 바닥은 일주일에 한 번, 5분 정도 시간을 내어 신경 쓰이는 곳만 청소기를 돌리거나 닦아낸다. '정말 그것만으로 깨끗해진다고?' 이렇게 생각하지 않았는가?

이것이 가능한 이유는 나에게 어떤 '습관'이 있기 때문이다. 독일에서 돌아온 이래 항상 유지하고 있는 습관은 바로 '더러움 빼기 3종 세트'다. 평소에 생활하며 무언가 행동할 때마다 더러움도 같이 빼 나간다. 그러면 '그래, 해보자!' 하

우리 집 주방은 항상 깔끔하다.
적정 재고율을 유지하기 때문이다.

거울은 보디클렌저나 비누를 조금 묻힌 수건으로 한 번 닦아낸 후 다시 마른 걸레질을 해주면 쉽게 뿌예지지 않는다.

고 거창하게 기합을 넣지 않아도 더러움에서 해방될 수 있다. 이는 청소 달인이 되는 지름길이기도 하다.

① 청소도구를 사용한 후에는 한 번 닦는다.
② 더러워지면 그 즉시 닦는다(쓸어낸다).
③ 더러움은 발견 즉시 처리한다.

더러움은 시간이 흐르면 흐를수록 쌓여가다 결국 찌든 때가 된다. 가능하면 '눈에 보이지 않는 더러움'인 상태일 때 처리하도록 하자.

나는 오늘 아침에도 바쁜 주방 일을 막 마치려는 찰나 식기세척기 세제를 바닥에 쏟고 말았다. 하지만 '그 즉시 닦아내기'를 실천했다. 덕분에 2분 정도의 걸레질로 바닥은 다시 반짝반짝 윤이 났다. 고작 2분 만에 바닥의 더러움도 바닥 청소도 줄어든 셈이다. 왠지 모르게 오늘 하루 마음이 가벼울 것만 같았다. 바닥 청소가 마음청소로 이어진 것이다. 그야말로 전화위복이 아닌가!

시간도, 수고도 들지 않는 '더러움 빼기 3종 세트'를 습관화하면 여러분 생활 속에서 더러움이 늘어가는 일은 사라질

싱크대도 사용할 때마다 남아 있는 물방울 등을 수건으로 쓱 훔치는 습관을 들이면 항상 반짝반짝 윤이 난다. 요리도, 설거지도 귀찮게 느껴지지 않는다.

것이다. 깨끗하게 정돈된 방을 그 상태 그대로 유지하는 일이 자연스럽게 가능하기 때문이다. 매일 아침 얼굴을 씻듯 '더러움을 빼 나가는 청소'가 하루하루의 당연한 생활 습관이 된다면, 당신의 미래는 누군가의 도움 없이도 충분히 청결하고 아름다울 것이다.

청소의 기본동작은 '털기', '쓸기', '닦기', '광내기'다. 이 네 가지 동작이 기본이다. 피로하거나 체력에 무리를 주지 않는 청소의 비결은 이 네 가지 동작을 항상 '동시에 하지 않고', '오랜 시간 반복하지 않는' 것이다.

거듭 이야기하지만, 앞에서 소개한 '더러움 빼기 3종 세트'를 여러분의 일상적인 습관으로 만들면 매일 하는 청소는 '닦기만'으로 충분하다. 더러움이 찌들 때까지 방치하면 시간과 체력을 요하는 '광내는' 동작이 필요하다. 여러분의 청소를 손쉽게 '줄여나가기' 위해서는 어떻게 하면 공간을 더럽히지 않을 수 있을지 궁리하고, 더러움을 쌓아놓지 않는 생활 습관이 중요하다.

자, 이제 더러워지면 즉시 닦아내자. '광내는' 동작이 필요해지기 전에 말이다. 그러면 청소가 '닦기'만으로 끝난다. 청소 줄이기는 '닦는' 동작에서 시작된다.

절대 한 번에
다 청소하려
하지 마라

최근 10년 동안 전국 지방자치단체에서 운영하는 실버 인재센터에서 강연하는 일이 많다. 지역별로 등록된 60세 이상의 건강한 고령자들이 의뢰가 들어오면 가사 서비스 인력으로 파견된다. 주민들에게 자주 들어오는 의뢰가 다름 아닌 청소라고 한다.

가사 서비스 후에 '깨끗해지지 않았다'라는 클레임도 끊이지 않는다. 센터에 등록한 고령자들은 모두 아마추어다 보니 청소 전문가보다 저렴한 비용으로 일한다. 하지만 주

민들은 요구한다. '돈을 지불했으니 깨끗하게 청소해 달라!'

돈을 지불했으니 깨끗하게 청소해주길 바라는 의뢰인의 마음은 당연지사다. 이에 청소의 프로인 내가 나설 차례다. 그분들이 청소의 '세미프로'가 될 수 있도록 조금이나마 알려드리기 위해서다.

"어디를 청소하기가 제일 힘드세요?" 수강생분들에게 물으니 '청소기를 돌리거나 바닥을 닦는 일'이 청소 서비스 중에서 가장 힘들다고 응답했다. 나이와 관계없이 바닥 청소에는 체력이 필요하다. 청소 서비스를 의뢰하는 사람도 50~60대가 많다고 한다. 청소기를 돌리기가 힘든 사람이 같은 연배의 '청소기 돌리기가 힘든' 사람에게 부탁하는 셈이다. 약자가 약자를 지탱하는 웃지 못할 진풍경이 여기저기서 나타나고 있다.

청소기를 돌리거나 바닥을 닦는 경우 한 번에 최대 두 평 정도만 청소하기로 정한다. 그보다 공간이 넓으면 출입구, 테이블 밑, 방 주위 등 더러워지기 쉬운 곳을 짧은 시간 안에, 장소를 정해 공략한다. 물론 소요 시간은 5분 이내다. 절대 한 번에 다 하려고 하지 않는 것이 소진되지 않는 청소의 비결이다.

지금
청소하지 않으면
영원히 더러울 것이다

내가 머무는 집은 반짝반짝 윤이 나지 않는 곳이 없고, 집 안 구석구석 더러운 곳이 없다. 덕지덕지 찌든 때 따위도 존재하지 않는다. 쓸데없는 걱정일 수도 있지만, 그런 사람이라고 해서 깨끗한 노후가 전적으로 보장되지는 않는다. 더러움은 조금만 틈을 보여도 어느새 여러분의 방 안에 자리를 틀기 때문이다.

항상 반짝반짝함을 자랑하는 우리 집도 더러워지거나 어질러지는 순간이 있다. 나는 그럴 때면 왠지 모르게 마음이 초조하다. 한시라도 빨리 그런 기분에서 벗어나고 싶은 마음에 바로 더러워진 곳을 깔끔하게 정리한다.

현실을 보면 대부분 집에는 찌든 때가 있다. 청소를 게을리해도 일상생활에 전혀 지장이 없는 장소야말로 주의가 필요하다. 나도 모르는 사이에 더러움이 쌓이고 정신 차렸을 때는 이미 찌든 때가 생기고 난 다음이기 때문이다.

더러움은 그 즉시 처리하면 시간도, 수고도 들이지 않고 깨끗하게 제거할 수 있다. 이렇게 간단한 '순간의 예술'만 익혀둔다면 아무리 나이가 들어도 항상 여러분은 깨끗한 방을 유지할 것이다.

당신의 집 주방 가스레인지나 환풍기에 덕지덕지 붙은 찌든 때는 없는가? 지금이야말로 포기하지 않고 찌든 때를 추방할 때다. 환풍기는 일단 분리할 수 있는 부분을 분리한다. 나무 주걱으로 흠집이 생기지 않도록 달라붙은 때를 문질러 벗겨낸다. 망이나 팬은 미지근한 물에 담가 불리면 손쉽게 묵은 때를 제거할 수 있다. 젖은 수건으로 찌든 때를 닦아낸 후 그래도 제거되지 않은 것이 있다면, 클렌저를 묻힌 스펀지로 원을 그리듯 문지른다. 이때 전원은 반드시 끈다.

자, 이제 '찌든 때 줄이기 청소'를 시작할 때다. 일주일에 한 번 미지근한 물을 묻혀 꼭 짠 수건으로 환풍기를 닦는다. 1장에서 소개했던, 깔끔한 것을 좋아하던 친척 할머니가 난로를 한 번 닦아내던 것처럼 말이다. 보기에 깨끗하더라도 반드시 닦아내는 습관을 들이도록 한다. 이것이야말로 덕지덕지 붙은 찌든 때를 추방할 수 있는 원칙이다.

이 방법을 계속 실천하다 보니 최근 십수 년 동안 우리 집에서 사라진 것이 있다. 바로 연말 대청소다. 그렇지 않아도 마음이 부산한 연말에 대청소 때문에 시간과 수고를 들이지 않아도 된다. 덕분에 남는 시간만큼 쇼핑하고, 식사하러 나가고, 짧은 여행을 즐기는 등 평소에 하지 못했던 일이나 하고 싶었던 일에 충분히 시간을 쓸 여유가 있다.

대청소가 꼭 필요한 장소를 평소 깔끔하게 유지한다면 여러분의 생활에서 대청소가 빠져나간다.

고개를
들어
위를 보라

연기와 먼지는 위로 올라간다는 사실을 아는가? 사실 방 중에서도 천장은 생활의 냄새나 기름기, 담뱃진, 먼지 등으로 가장 더러워지기 쉬운 장소다. 자기도 모르는 사이에 먼지가 쌓이고 쌓여 찌든 때가 되고, 찌든 때는 또 다른 더러움이 된다. 즉 천장이 더러우면 방 전체가 먼지투성이가 된다는 말이다. 대청소가 필요 없는 방을 만들려면 천장 관리도 중요하다. 천장의 더러움을 빼는 방법은 다음과 같다.

| 1 | 방을 충분히 환기한다

아침에 일어나면 반드시 창문을 열고, 자주 환풍기를 돌린다. 특히 습기가 차기 쉬운 욕실이나 요리하는 주방의 환기는 세심한 주의가 필요하다.

독일에서 공부하던 시절, 이른 아침에 수업하러 들어오신 교수님이 '신선한 공기를 받아들이자'라며 갑자기 교실 창문을 열었다. 밖은 영하의 세계. 순식간에 벌어진 일이었는데, 창문을 통해 들어온 차갑고 신선한 공기 덕분에 아침 졸음도 싹 달아나고 머리도 훨씬 상쾌해졌던 기억이다.

방을 자주 환기하면 더러움이 쌓이지 않는다. 뿐만 아니라 환기를 하면 체내 세포 활성화라는 중요한 효과도 볼 수 있다고 한다. 독일인이 방 환기에 예민한 이유는 바로 여기에 있다.

| 2 | 천장 쓸어내기

기다란 빗자루에 수건을 씌워 천장과 벽을 쓸어준다. 그러면 눈에 보이지 않는 먼지까지 대부분 제거할 수 있다.

| 3 | 조명은 꾸준히 관리한다

천장의 일부라고 할 수 있는 조명에는 열 때문에 정전기가 발생하기 쉬워 먼지가 잘 달라붙는다. 평소에는 수건으로 먼지를 털어내고, 한 달에 한 번 젖은 수건으로 닦는다. 막대 모양으로 돌돌 만 신문지에 수건을 씌우면 조명기구 등을 닦을 때 편리하다.

손이 잘 닿지 않는 높은 곳에 있는 조명기구는 쉬운 관리를 최우선 사항으로 고려하여 선택한다. 떼어내기 쉽고 물로 씻어낼 수 있는 제품을 고르도록 하자. 촘촘한 요철 모양이나 디자인에 공을 들인 제품은 피하는 편이 현명하다.

화장실은
편안함의 상징,
삶의 품격을 드러낸다

70대 노부부의 집을 방문했을 때의 일이다. 우리는 오래된 주택의 난롯가에서 구운 떡과 따뜻한 차를 마시며 담소를 나누었다. 오랜만에 한가로운 시간을 보내고 있노라니 마치 시간을 거슬러 올라간 것 같았다. 슬슬 이야기를 마치고 자리에서 일어나면서 화장실에 잠시 들렀다.

나무문을 연 순간 너무나 불결한 화장실 상태에 지금까지의 여유로운 기분은 모두 날아가 버리고 말았다. 실례되는 말이지만 정말 '변소'를 재현해 놓은 상태였다. 북향의 화장실은 어두침침했고, 변기를 덮어 놓은 커버와 바닥 매트는 축축해서 사용하기 꺼림칙한 정도였다. 나는 작은 창을 조금 열어 놓고, 더럽고 축축한 수건을 제대로 걸고, 화장실 휴지 끝부분을 삼각형 모양으로 접어놓고, 흐트러진 슬리퍼를 가지런히 정리하며 화장실에서 나왔다.

화장실이야말로 그 집의 결정적인 전모를 보여주는 상징적 공간이자 아름다운 삶의 척도다. 독일에서도 물을 자주 사용하는 곳의 청결함과 쾌적함이 그 집에 사는 사람과 삶의 품격을 드러낸다고 생각한다. 체력이 떨어져서 화장실까지 청소할 여력이 없다? 이는 변명이 될 수 없다. 화장실 역시 다른 공간과 마찬가지로 자주 닦고 환기하는 등 시간을 들이지 않고 항상 깨끗하게 유지하는 일이 중요하다.

청결하고 쾌적한 화장실을 유지하는 방법은 어렵지 않다. 약간의 주의와 손만 있으면 누구나 실행할 수 있다.

| 1 | 사용할 때마다

화장실을 사용한 후에는 옆에 비치해 놓은 손잡이 달린 변기 솔로 변기 안쪽을 닦는다. 더러워지면 그 즉시 처리한다. 세면대에 묻은 물은 그때그때 닦아낸다.

변기 커버나 바닥 매트를 빨고, 슬리퍼 뒷면을 자주 닦는다.
또 화장실 벽이나 바닥의 더러움은 악취의 근원이다. 일주
일에 한 번 뜨거운 물로 벽과 바닥을 닦아낸다.

50이라면
왜 냄새에
민감해져야 할까?

언젠가 산그늘에 있는 작은 숙소에 머물렀다. 저녁상을 치운 후 식기 선반의 문을 열어 바람이 잘 통하게 환기하는 주인의 모습을 보고 감동한 기억이다. 식기 선반 속은 습기가 차기 쉬워 계속 닫아두면 곰팡이가 생기거나 더러워져 위생 상태를 지키기 어렵다. 손님을 대하는 정성 어린 마음과 청결을 지키기 위한 세심한 배려에 신뢰감이 커졌고, 머무는 공간이 더 아름답게 느껴졌다.

그 숙소에는 슬리퍼가 없었다. 대신 바닥이 반짝반짝 윤이 나게 닦여 있었다. 정성스러운 대접에 감동해 지금도 다시 한 번 그곳을 찾고 싶다.

나이가 들면 들수록 냄새에는 민감해지고 청결한 몸가짐에 신경 써야 한다. 노인 냄새가 나지 않는 깨끗한 노인이 되고 싶다면 말이다. 그리고 집에서 나는 냄새에도 신경 쓰길 바란다. 다른 사람을 불쾌하게 만드는 집 냄새의 경우 의외로 당사자는 깨닫지 못하는 경우가 많다. 방에서 나는 냄새는 주로 요리나 평소 생활 때문에 생겨난다. 방에서 나는 냄새는 그대로 방치하면 더러움으로 이어진다.

나의 독일인 친구 에리카는 '냄새 나는 방은 더럽다'라고 이야기한다. 더러우니까 냄새가 난다? 맞는 말이다. 하지만 냄새가 쌓이고 쌓여 방이 더러워진다는 말 또한 사실이다. 그 반대도 마찬가지다. 청결한 방은 냄새와는 거리가 멀고, 냄새나지 않는 방은 더러움과는 거리가 멀다.

나는 평소에 방 안에 공기가 흐를 수 있도록 노력한다. 아침에는 반드시 창을 열어 방 안 공기를 순환시킨다. 신선한 공기는 그곳에 사는 사람에게 의욕을 불러일으킨다. 화장실이나 욕실 등 물을 자주 사용하는 곳이나 주방에 있는 환풍기는 사용하기 전과 후에 틀어 놓는다. 식기 선반도 냄새가

고이기 쉬운 장소이므로 정기적으로 문을 열어 공기를 바꾸어준다.

축축한 습기도 냄새의 원인이다. 날씨가 좋은 날은 청소한 김에 찬장이나 옷장 문을 열어 옷장 내부를 건조시키고 습기를 날린다. 이렇게 하면 곰팡이가 생기는 것을 방지할 수 있다.

환기한 다음에는 주방 주변에 사과 등의 향기 나는 과일을 실내장식 겸 놓아둔다. 물론 사과는 매일 아침 주스를 만드는 데도 사용된다. 현관이나 거실에는 주로 카사블랑카를 놓아둔다. 하지만 추운 계절에는 수경재배한 수선화나 히아신스를 두기도 한다. 달콤하고 상쾌한 향기와 함께 계절감을 즐길 수 있다.

매년 6월 즈음, 우리 집 근처 길가에 삼백초가 일제히 흐드러지게 피어난다. 그 하얀 꽃을 볼 때마다 어머니가 들판에서 따온 삼백초를 작은 화병에 꽂아 화장실 바닥 모퉁이에 놓아두시던 모습이 떠오른다. 지금 생각해보면 재래식 변소의 냄새를 없애기 위한 지혜였던 것 같다. 막 구매한 꽃꽂이용 꽃이 항상 장바구니에 들어 있을 정도로 어머니는 꽃을 좋아하셨다.

삼백초를 발견하면 잼이 들어 있던 작은 병에 물을 담아 꽂은 후 냉장고 위 칸에 넣어둔다. 삼백초는 냉장고 속 안 좋은 냄새들을 흡수한다. 삼백초 덕에 냉장고 문을 열 때마다 주방에 냄새가 진동할 일이 없다.

겨울철이 되면 감기에 걸리지 않도록 비타민 C가 풍부한 귤을 많이 섭취한다. 그러고 나면 엄청난 양의 껍질이 남는다. 향기가 좋은 귤껍질을 그냥 버리려고 하면 왠지 모르게 섭섭한 마음이 들어 영 내키지 않는다.

그렇다고 잼으로 만들기에는 농약이 좀 신경 쓰인다. 그래서 뜨거운 물에 적셨다 꽉 짠 수건으로 오븐이나 그릴을 닦아낸 후 귤껍질을 몇 장 넣어 5분 정도 구워준다. 가스나 전기요금이 조금 들긴 하지만, 귤의 좋은 향이 방 안 가득 퍼져 나와 그 이상으로 행복한 기분이 든다.

몸과 마음이
즐거운
11가지 청소 비결

나이가 들수록 집을 항상 깨끗이 정리정돈하여 청결하게 살고 싶다. 깨끗한 방은 '좋은 기운으로 가득 차 있다'라고 하니 말이다. 더러움을 쌓아놓지 않고 바지런히 청소하는 일은 건강한 노후를 위해서도 필요하다.

'알고는 있지만 좀처럼 의욕이 생기지 않는다'라며 손 놓고 있다가는 어느새 도저히 감당할 수 없을 정도로 공간은 더러워지고 만다. 지금부터 몇 가지 '청소가 즐거워지는 소소한 지식'을 소개하고자 한다. 생활 속 여기저기에 즐거움

을 숨겨놓는 것 또한 청소의 마법 중 하나다. 꼭 시도해보길
바란다.

| 1 | 유리창은 흐린 날, 신문지로 닦아낸다

한동안 게으름을 피웠더니 유리창이 더럽다. 일단 젖은 수
건으로 한 번 닦아낸 후 양손에 마른 신문지를 움켜쥐고 원
을 그리듯 뱅글뱅글 닦아준다. 물에 녹아내린 오염물을 신
문지가 흡수하는 한편 유리 표면에 묻은 신문지 잉크 기름
이 왁스 효과를 발휘하여 놀라울 정도로 반짝반짝 유리 표
면에서 빛이 난다. 이 매력에 한 번 빠지면 절대 빠져나오지
못한다. 사용한 신문지는 그냥 버리면 되기 때문에 뒷정리
도 간편하다.

　유리창은 흐린 날에 닦아야 한다. 이는 예로부터 전해져
내려온 삶의 지혜다. 유리에 빛이 덜 반사되어 더러움이 확
실히 보일 뿐 아니라 습기 덕분에 더러움을 쉽게 제거할 수
있기 때문이다.

| 2 | 상한 우유로 화장실을 청소한다

냉장고에 넣어둔 채 깜박 잊고 안 마셔서 오래된 우유가 있

는가? 아까운 우유를 그냥 버리지 말고 싱크대나 화장실 닦을 때 사용해보라. 물때도 사라지고 마치 왁스를 칠한 것처럼 반들반들, 반짝반짝 빛이 난다.

| 3 | 플리스 소재의 양말은 먼지 제거에 탁월하다

요즘 플리스fleece 소재의 의류와 양말이 유행이다. 유난히 추웠던 올겨울, 플리스 양말 덕을 톡톡히 봤다. 신은 지 오래된 도톰한 플리스 양말은 먼지를 제거하는 데도 최고다! 장갑처럼 손에 끼고 선반이나 마루, 가구 등 생각나는 대로 어디든 다 닦을 수 있다.

부드러운 소재여서 물건에 흠집이 날 염려도 없다. 정전기로 먼지를 순식간에 빨아들인다. 사용한 후에는 먼지를 털어내고 빨면 몇 번이고 다시 사용할 수 있다.

| 4 | 바닥 청소에는 빗자루가 최고다!

지방에서 내 강연을 들은 분이 멋진 종려나무 빗자루를 선물로 보내주셨다. 전통공예품인 빗자루. 그 빗자루를 보니 어렸을 적 어느 집에나 벽에 빗자루가 걸려 있던 모습이 떠올라 그리운 마음이 들었다. 빗자루를 매달아 두는 것은 빗자루 끝이 상하지 않고 보관할 수 있는 최고의 수납방법이었을 것이다.

우리 집의 경우, 빗자루를 실내장식 겸 현관에 있는 코트걸이에 걸어 두었다. 그러면 방문하는 손님마다 '멋진 빗자루네요' 하며 빗자루 하나로 한참 이야기꽃을 피운다.

빗자루를 받자마자 사용했는데 그렇게 편리할 수가 없다. 마음 내킬 때, 무엇보다 짧은 시간에 바닥 청소를 효율적으로 할 수 있다. 외출하기 전, 집에 돌아와서, 책을 쓰다 피곤해졌을 때 등등 언제든 가능하다.

빗자루로 쓱쓱 바닥을 쓸어내다 보면 기분전환이 된다는 사실도 발견했다. 우리 집 바닥은 마루로 되어 있는데, 종려나무에 포함된 천연유가 나무의 광택을 더해주는 듯하다.

| 5 | 냄비 얼굴은 과일 껍질에 맡겨라

적은 양의 요리를 할 때면 항상 편수 알루미늄 냄비를 애용한다. 알루미늄 냄비는 사용하다 보면 거무스름해져서 가끔 물을 넉넉히 담은 후 사과 껍질을 넣고 부글부글 끓여준다. 은은한 사과 향과 함께 사과산의 작용으로 냄비가 깨끗하게 변신한다.

레몬이나 귤껍질을 넣어도 마찬가지의 효과를 볼 수 있다. 청소에 과일 껍질을 활용하면 친인간적, 친환경적일 뿐 아니라 청소 자체가 즐거운 이벤트가 된다.

| 6 | 와인 디캔터 청소에 감자 껍질이 제격이다

레드와인을 좋아하는 우리 집에서는 주둥이가 작은 디캔터 decanter를 청소하는 데 감자 껍질을 사용한다. 디캔터에 감자 껍질과 물을 넣은 후 손으로 입구를 막고 칵테일을 만들 때처럼 흔들어준다. 그러면 유리에 흠집 내는 일 없이 감자 껍질에서 나오는 전분이 더러움을 흡수하기 때문에 깨끗하게 청소할 수 있다. 감자 요리를 하고 껍질이 남았을 때가 우리 집 디캔터를 '청소하는 날'이다.

| 7 | 파스타 삶은 물만 있으면 세제가 필요 없다

쉬는 날 홀로 브런치를 즐길 때는 파스타를 먹기로 정했다. 이때 파스타 삶은 물을 사발에 담아 놓았다가 기름기로 더러워진 식기나 조리 기구를 씻는 데 사용한다. 식기에 묻은 기름때 대부분은 세제를 사용한 것처럼 제거된다. 전분이 포함된 쌀을 삶은 물에도 동일한 효과가 있다.

| 8 | 모기향의 재는 천연 클렌저

여름철 숲속 우리 집에서는 모기향이 맹활약한다. 요즘은 모기향의 매력에 푹 빠져 있다. 모기향의 향과 함께 그리운 어린 시절의 여름이 되살아나곤 한다. 타고 남은 모기향의 재는 알칼리 성분이 강하고 입자가 작아 클렌저로 쓰기 아주 편리하다. 마른 스펀지에 묻혀 가스레인지를 닦을 수도 있다. 모기향은 전기요금이 들지 않는다. 그리고 타고 남은 재는 클렌저로 사용할 수 있다. 여름철 에코라이프를 즐기며 마냥 기분이 좋은 나다.

| 9 | 까맣게 탄 냄비는 햇볕에 말린다

자랑은 아니지만, 나는 '무언가 다른 일과 집안일을 병행하는 일의'의 고수다. 하지만 가끔 실수할 때도 있다. 얼마 전에도 간단한 음식을 만들다가 글 쓰는 데 푹 빠져 눈 깜짝할 사이에 냄비를 새까맣게 태워버리고 말았다. 냄비를 클렌저나 딱딱한 스펀지로 있는 힘껏 문질러 보아도 쉽게 제거되지 않았다.

이럴 때 소란 피우고 당황할 필요 없다. 까맣게 타버린 냄비를 햇볕에 바싹 말려준다. 그런 다음 바짝 마른 그을음 부분이 떨어져 나가기를 기다리기만 하면 된다. 햇볕은 까맣게 타버린 냄비를 치유해준다. 기억하라. 냄비가 까맣게 타버렸을 때는 '말려서 제거'한다!

| 10 | 카펫 청소는 눈 오는 날 한다

도쿄는 눈에 약한 대도시다. 교통이 마비되고, 도로 또한 눈에 익숙하지 않은 차들로 오도 가도 못 하는 상황이 되고 만다. 올겨울 많은 눈이 쌓였을 때 익숙하지 않은 눈 쓸기를 하느라 아침부터 고군분투했다.

눈이 내리는 날이면 독일에서 배운 대로 카펫을 청소한다. 이 청소방법에는 그 옛날 할머니들의 지혜가 담겨 있다. 일단 우리 집 현관에 있는 어린아이 키만 한 크기의 카펫을 눈 위로 옮겨다 놓는다. 그다음 약 30분 동안 카펫을 뒤집어 놓는다. 마지막으로 깨끗한 빗자루로 눈을 털어내고 바싹 말려준다. 이렇게 하면 먼지가 제거되고 카펫의 빛깔과 문양이 선명하게 되살아나니 신기할 따름이다.

| 11 | 방충망 청소는 비에 맡기자

비가 내리던 날 이웃에 사는 70대 할아버지가 창에서 떼어낸 방충망을 집 담벼락에 기대어 세워놓았다. 이는 예로부터 전해져 내려오는 '할머니들의 지혜'에 등장하는 방충망 청소법이다. 나는 오래된 청소법이 함의하는 상상 이상의 합리성에 매번 감탄하고 만다. 빗물이 방충망의 더러움을 깨끗하게 씻어 내린다. 정말 지혜롭고 편리한 청소법이다.

안타깝게도 방충망이 잘 분리되지 않을 뿐 아니라 기대어 세워놓을 장소조차 없는 우리 집의 경우에는 불가능한 방법이긴 하지만⋯. 분리하기 어려운 방충망은 양손에 수건을 들고 방충망을 사이에 두고 닦아내는 방법을 추천한다. 이렇게 하면 찢어지기 쉬운 방충망이 손상될 염려가 없다.

공간의 크기를
줄이면
마음이 즐거워진다

집 근처에 부러울 정도로 깔끔하게 사시는 80대 여성 두 분이 있다. 한 분은 주방과 욕실이 딸린 8평 크기의 원룸 아파트에 사신다. 또 다른 한 분은 15평 크기의 2층 단독주택에 사신다.

원룸에 사시는 분은 2층짜리 건물에 네 개의 원룸이 있는 아파트의 주인으로, 1층 원룸에 기거하신다. 한편 2층 단독주택에 사시는 분도 2층은 다른 사람에게 세놓고 본인은 1층에 기거하신다.

두 집 모두 아담하니 가구도 별로 없어 언뜻 보기에도 청결하다. 쓸모없는 가구와 짐이 없어 청소하기도 쉽다. 일주일에 한 번 도우미가 오는데, '청소하기 참 편하겠다'라는 생각이 절로 들 정도다. 이 두 분 집 앞을 지날 때마다 나의 노후의 이상적인 집, '작지만 깨끗한 집'을 떠올려보곤 한다.

독일에서 살 때 나의 이상적인 집을 발견했다. 새하얗고 귀여운, 작고 아름다운 단층집이었다. 헨젤과 그레텔이 사는 것은 아닌가 하는 착각이 들 정도로 옛날 동화 세계에나 나올 법한 귀엽고 장난감 같은 집. 학교를 오가며 그 집 앞을 지날 때마다 갑자기 속도를 늦춰 집안을 들여다보기라도 할 것처럼 천천히 발걸음을 옮기곤 했다. 투명한 유리창에는 아치 모양의 새하얀 레이스 커튼이 달려 있어 마치 '방 좀 구경하고 가세요'라고 이야기하는 것만 같았다.

유리창 너머로 보이는 방 안에는 잘 닦인 가구 몇 점이 보기 좋게 배치되어 있었고, 여름에도 좀 서늘한 날이면 작은 난로 속에 장작이 타닥타닥 불타오르고 있었다. 테이블 위에는 촛불의 은은한 불빛이 흔들거리며 그림자를 드리우고 있었다. 이 얼마나 황홀할 만큼 평온한 풍경인가.

앞뜰에 놓인 하얀색 벤치에서는 집주인 노부부가 오후의

차를 즐기기도 했다. 마치 카페 점원처럼 유니폼을 차려입은 가정부가 항상 정해진 시간에 창가에 서서 먼지를 털어내곤 했다. 항상 깨끗하게 생활하려는 마음가짐. 다른 사람의 시선까지 의식한 방. 독일인의 이상적인 삶, 그야말로 '게뮈틀리히카이트Gemütlichkeit'(편안함)다.

누가 보기에도 여유롭고 편안해 보이는 집! 꼭 저런 집에 살고 싶다! 마음속 깊이 마치 주문을 외우듯 기도했다.

다른 사람 집을 구경하는 티브이 프로그램에서 크나큰 저택이 소개될 때가 있다. 이때 내 머릿속에는 '청소하기 힘들겠다', '눈에 보이지 않는 먼지나 때가 얼마나 많을까?' 쓸데없는 걱정이 나도 모르게 떠오른다. 넓은 집을 청소하려면 그 나름 '동선이 길어지기' 때문에 시간과 수고가 든다. 쉽게, 빠르게, 깔끔하게 청소하려면 자신의 체력에 맞추어 움직일 수 있는 '고만조만'한 넓이의 집에 가구도 되도록 최소한으로 두는 편이 가장 좋다.

그렇다면 어느 정도 크기의 집이 가장 살기에 적합할까? 이는 개개인의 삶의 방식, 주거방식의 가치관에 따라 그 척도가 달라질 것이다. 하지만 나이가 들수록 행동반경이 좁아진다는 사실을 감안해야 한다. 건강하고 힘이 넘치는 젊은 시절에는 전혀 불편함을 느끼지 못했던 크기의 집이 나이가 들면 사정이 달라질 수 있다. 아무리 건강해 보이는 사람이라도 체력적으로 힘이 들기 마련이다. 오히려 집의 크기가 좁은 편이 마음이 안정되고 청소하기도 쉽다. 이 또한 노년의 현실이다.

마음을 청소하면
이것에서부터
벗어날 수 있다

물욕 없이 소박한 삶을 추구하며 사는 사람들이 있다. 구지
성인이나 수도승이 아니더라도 우리 주변에서 그런 인물들
을 찾을 수 있다. 소위 마음청소의 달인이라 부를 수 있는 사
람들이다. 그들은 작은 집에 은둔하며 재물이 아닌 마음의
풍요로움을 설파한다. 나는 젊은 시절에는 넓은 집을 좋아
했지만, 독일에서 이상적인 새하얀 집을 만나고 나서는 '한
평 크기의 집'을 동경하기에 이르렀다.

　나는 작고 소박한 나만의 공간을 꿈꾼다. 자연 속에 지은

집. 방 한가운데에 앉아 있으면 사방을 둘러볼 수 있고, 드러누우면 바로 눈앞에 있는 창문을 통해 먼 산을 마치 내 정원처럼 바라보며 낮잠을 즐길 수 있는 공간.

미닫이 너머로 이어지는 풍경 또한 방의 일부이니 방은 한없이 넓게 느껴질 것이다. 그때그때 계절의 변화를 만끽하니 얼마나 평온하고 여유로울까. 청소는 빗자루로 쓸어주면 몇 분이면 끝이 난다. 마음이 내키면 걸레질도 손쉽게 할 수 있다.

우리는 크고, 새로운 것이 미덕으로 쉽게 인정받는 시대를 살고 있다. 그렇지만 가끔은 넓은 저택에 사는 사람도, 넓은 집을 동경하는 사람도 자기 나름 살기 편한 집의 크기를 생각해보면 어떨까? 과연 넓은 공간을 크고 새로운 물건으로 채워 넣는 것이 기쁘고 즐겁기만 한 일일까?

확실한 것은 쓸모없는 가구가 없는 작은 집은 가구로 꽉 채운 넓은 집보다 청소하기 쉽고 넓게 느껴진다는 것이다. 50대부터는 일단 이인용으로 시작하여 그다음 일인용으로, 소유한 물질의 크기와 집의 크기를 줄여나가는 예행연습을 슬슬 시작해야 할 때인지도 모른다.

3장

50부터
익혀두면 좋은
마음청소의 원칙

CHANGE MY LIFE

물건이
넘쳐난다.
탈출을 시도해볼까?

우리 주변에는 물건이 넘쳐난다. 문명의 기술이 현기증이 날 정도로 빠르게 발달하고 있는데, 휴대전화나 텔레비전은 사는 순간 구형이 될 정도다. 구매를 부추기는 매력적이고 새로운 디자인도 속속 탄생한다.

우리는 매일매일 너무 많은 물건과 정보의 홍수에 치여 산다. 좋아하는 물건을 고르는 즐거움도 있지만, 선택의 어려움과 번잡함 때문에 나도 모르게 스트레스를 받으며 사는 듯하다. 넘치는 물건은 수납장에 다 안 들어가고, 바닥에 어질러져 있다. 물건은 끊임없이 늘어나 아무리 치워도 깨끗해지지 않는다. 넘쳐나는 물건의 홍수 속에서 당신은 힘들지 않은가?

개인차가 있지만, 통상 집에는 가구나 전기제품, 의류, 생활에 필요한 도구 등 평균 2만 개 이상의 물건이 있다고 한다. 이중 절반 이상은 매일매일 생활하는 데 없어도 전혀 지장을 주지 않는 물건들이다.

인간이 살아가는 데 필요한 물건은 그리 많지 않다. 자신이 소유하고 있는 너무 많은 물건에 한숨 쉬기보다 일단 물건을 줄여나가는 일부터 시작해야 한다. 필요 없는 물건이 줄어들면 그만큼 하루하루의 삶이 가볍고 풍요롭다.

나는 지방대학을 졸업한 후 취직을 위해 대도시에 상경했다. 그때 내 유일한 짐은 하얀색 작은 트렁크 하나였다. 혼자 살기 시작한 나, 생존에 필요한 최소한의 짐이라 할 수 있는 작은 트렁크. 한 개의 트렁크 속에 들어 있던 물건이 당시 내가 소유한 전부였다. 그때는 내가 가진 물건의 개수 따위 전혀 문제가 되지 않을 정도로 가슴속에 내일을 향한 희망이 넘쳐흘렀다.

인생 후반부에 접어든 지금, 심플 라이프의 궁극적인 상징과도 같은 하얀색 작은 트렁크를 그리운 마음으로 떠올려 본다. 그때 당시의 통통 튀는 젊음으로 돌아가지는 못하더라도 마음은 여유롭게, 생활은 하얀색 트렁크에 최대한 가까워질 수 있도록 물건 줄이기에 유념해야 한다고 나 자신에게 이야기하곤 한다.

마음청소의
기본은
이것

바닥에 물건을 두지 않은 방이 얼마나 깔끔한 인상을 주는지 아는가? 또 청소하기 쉽다는 사실도 아는가? 퀘이커 Quaker 교도는 모든 생활용품을 벽에 매달고 바닥에 가능한 아무것도 두지 않는다. 빗자루, 옷, 냄비는 물론 심지어 의자까지도.

미국 텔레비전 드라마에서도 침실이나 아이 방 입구 쪽 문 뒤편에 후크를 달아 옷을 걸어 놓은 모습을 쉽게 볼 수 있다. 독일 사람들도 바닥에 물건을 두지 않는 편이 건강한 생활에 도움을 준다고 이야기한다. 독일 사람들 집에 가보면, 롤러스케이트를 타도 될 정도로 바닥이 깨끗하다.

물건을 두지 않은 바닥은 구석구석 청소가 잘 되어 깨끗하고 깔끔하다. 물건에 발이 걸려 다칠 일도 없으니 병원비가 들지 않아 돈이 모인다고 한다. 바닥에 물건이 없으면 청소하기 편할 뿐 아니라 시각적 쾌적함의 효과가 배가 된다. 방도 더 깨끗하고 넓게 보인다. 물건을 두지 않은 바닥을 보면 마음도 안정된다. 그야말로 '여유로움' 그 자체다. 노후의 쾌적한 생활을 위해 꼭 체득해야 하는 최우선 습관이다.

당신은 밖에 나갔다가 집에 있는 가족이나 지인에게 전화를 걸어 어디에 무엇이 있는지 막힘없이 설명할 수 있는가? 방 전체가 말끔하게 정돈되어 있으면 술술, 막힘없이 설명할 수 있다.

집안 어디에, 무엇이, 얼마나 있는지 알아두는 일은 본인 외 다른 사람의 도움을 잘 받을 수 있는 생활의 예행연습이기도 하다. 나는 때때로 방 곳곳에 있는 서랍이나 수납함 속에 '무엇이 들어 있는지' 떠올리며 두뇌 훈련을 한다.

독일 사람의 삶에는 '정리정돈이 인생의 반'이라는 정신이 깊게 뿌리박혀 있다. 독일 사람에게 정리정돈은 인생의 절반 정도를 차지하는 중요한 테마다. 방 안이 정리정돈되어 주변에 쓸데없는 물건이 없으면 인생이 쾌적하고, 청결하고, 알찬 삶을 보낼 수 있다는 말이다.

그들에게는 좋은 물건을 몸에 두르기보다 방 안을 항상 깨끗하게 정리하는 일이 더 중요한 인생의 테마다. 자신에게 필요한 물건이 방 어디에, 얼마나 있는지 확실히 알아두면 초조해하지 않고, 안심하고 살 수 있다.

필요한 것 외에 되도록 소유한 물건이 적은 편이 심적으로나, 육체적으로나 편안하다. 물건이 적은 편이 마음에 망설임도 적어 항상 평온하게 생활할 수 있다. 실제로 주변에 물건이 너무 많으면 '어떤 거로 하지' 등과 같은 망설임이 생겨나고, 정신이 산만해지고, 집중력이 떨어진다고 한다.

그런데 지금까지 물건에 둘러싸여 살던 사람이 갑자기 모든 물건을 없애버리려고 한다면? 이는 굳은 결심이 없는 한 평범한 사람에게는 어려운 일이다. 50대인 지인 중에 '쓸모없는 물건을 줄여 심플하게 살고 싶다!'라며 갑자기 주변에 있는 물건을 없애기 위해 필사적으로 노력한 사람이 있다. 일단 시작했지만 물건을 처분하는 것이 뜻대로 되지 않자 오히려 그 결심이 마음의 부담으로 작용하여 우울해지고 말았다. 익숙하지 않은 일을 하려다 보니 마음에 부담이 생기고, 50대 갱년기까지 겹쳐 우울증이 생긴 것이다.

'하루에 하나씩'
365일
뺄셈의 원칙

앞에서 소개한 지인의 사례를 통해 알 수 있듯이, 많은 물건에 이미 익숙해진 현실을 갑자기 바꾸는 일은 쉽지 않다. 원하는 물건은 언제든 손에 넣을 수 있었던 그때까지의 생활을 나이 50이 되어 갑자기 청산하기는 출가라도 하지 않는 이상 가능할 리 없고 무엇보다 자연스럽지 못한 일이다.

'그게 있었으면 좋았을 텐데, 이게 있었으면 좋았을 텐데.' 이런 생각에 휘둘리지 않으려면 조금씩, 되도록 1일, 일주일, 1개월, 그리고 1년씩 기간을 구분해 서서히 물건을 '빼

나가야' 한다.

나는 하루에 한 가지 이상 물건을 줄여나가기로 마음먹었
다. 사업체를 운영하는 데 있어서도 결산기별로 사업 내용
과 돈의 입출금 내역에 쓸모없는 부분은 없는지 확인한다.
갑자기 대출이 늘거나 재고가 줄어들면 경영에 지장이 생기
기 때문이다. 이는 마음도, 집안 살림도 마찬가지다.

구체적으로 물건을 줄여나가기 전에 여러분이 꼭 기억했
으면 하는 세 가지 원칙이 있다. 남아도는 물건을 늘리지 않
고 방을 항상 깨끗하게 정리하는 데 필요한 원칙이다. 습관
이 된 생활의 원칙은 눈에는 보이지 않지만, 깨끗하게 정리
정돈된 방 상태로 나타날 것이다.

| 1 | 정해진 위치

여러분 주변에 있는 물건에 '주소'를 붙인다. 사용한 다음에
는 원래 있던 자리에 가져다 놓는다. 이를 반복하는 일이 기
본이다. 이것만 지키면 어디에, 무엇이, 얼마나 있는지 한눈
에 알 수 있어 물건이 늘어나지 않는다. 물건을 찾는 데 드는
시간도, '초조해지는' 마음의 부담도 줄어든다.

물건을 고를 때의 대략적인 기준을 마련한다. 예를 들어 우리 집에 있는 모든 수건은 면 100퍼센트, 하얀색이다. 천연 소재로 만든 속옷은 흰색과 검은색, 슈트는 기본적으로 울이나 마 소재를 선택한다. 가구는 방 분위기와 내 취향을 고려하여 나무 제품 중심으로 고른다. 방에 장식하는 꽃은 하얀색 카사블랑카다. 가끔 튤립이나 그 계절에 나는 꽃을 섞을 때도 있다.

이처럼 소지품이나 인테리어 등에 대해 내가 고집하는 스타일과 콘셉트를 정했다. 물론 옷 색깔이 검정에서 회색이나 갈색으로, 카사블랑카가 튤립으로 바뀔 때도 있다. 가끔 기분전환을 위해 마음에 색다른 기쁨을 주는 것도 괜찮지 않을까 싶어서다.

물건 취향이나 고집을 확실히 알 수 있는 '정해진 콘셉트'가 중요하다. 디자인이나 기분에 이끌려 충동적으로 구매하는 일이 줄어들고, 물건도 늘어나지 않고, 생활의 패턴을 바꾸기 위해 무리하지 않으면서도 무의식중에 물건을 줄여나갈 수 있는 뛰어난 방법이다.

소유하는 물건의 양을 여러분의 주거 공간과 관리 능력에 맞춘다. 일용품의 경우 '싸다'는 이유만으로 사재기하지 않는다. 평소 사용하는 양의 두 배 이상이나 되는 물건을 사면 여분의 수납장소가 필요하다. 또 며칠이고 같은 제품을 계속 사용해야 하는 단점도 있다.

식품 등 우리 입에 들어가는 것은 먹는 양을 파악하는 것이 중요하다. 가끔은 식재료 종류를 바꿔주는 것도 건강에 이롭다.

내용물이 보이는 물품의 경우 절반 이상 사용하면 한 개를 보충한다. 내용물이 보이지 않는 랩 등은 항상 여분 한 개를 미리 사두는 '원 스톡 원 유즈' 원칙을 준수한다.

마음청소에도
연습이
필요하다

나는 50대 초반에 부모님을 잃었다. 아버지, 어머니와의 영원한 이별. 두 분이 물건에서 벗어나는 과정을 가까이에서 지켜본 일은 그 후 내 삶에 크나큰 영향을 주었다.

물욕이 전혀 없던 아버지는 평생 소유한 물건이 별로 없었다. 반면 물건에 집착하는 경향이 강했던 어머니 주위에는 물건이 넘쳐났다. 대조적인 삶이었지만, 두 분 모두 인생의 마지막 순간에는 물건을 거의 남기지 않으셔서 마음 편히 유품을 정리할 수 있었다. 그렇게 만들어주신 두 분에게 감사한다. 더불어 존경의 감정을 느낀다. 그런 부모님을 본받아 나 또한 나만의 방법으로 넘쳐나는 물건에서 벗어나기로 했다. 원칙은 세 가지다.

| 1 | 하루에 한 가지씩 물건을 줄인다

안 신는 신발, 오래 입어 낡은 의류, 망가진 물건 등을 의식적으로 처분한다. 요즘에는 하루에 두 개 이상으로 늘어 물건을 처분하는 속도가 빨라지고 있다.

| 2 | 소중하게 쓰던 물건을 떠나보낼 곳을 생각한다

지금 잘 쓰고 있어 아직은 떠나보낼 수 없고, 버리고 싶지 않은 물건은 줄 상대를 정해 놓는다. 참고로 나의 마이센 식기들은 식기 선반째로 줄 상대가 이미 정해져 있다.

| 3 | 다른 사람이 좋아할 만한 물건인지 평가한다

대부분 물건은 다른 사람에게는 그저 쓰레기일 뿐이다. 다른 사람이 좋아할 만한 물건인지 아닌지 판단하는 습관을 들이도록 하자.

앞서 이야기했듯 하루에 한 가지씩 물건을 줄여나가는 습관을 들인지 어느덧 10년 가까이 되었다. 그렇기에 지금은 커피잔 하나를 깨트려도 한숨짓지 않고 오히려 물건을 하나 더 줄일 수 있게 되었다며 기뻐할 수 있다. 길지 않은 인생을 생각한다면 물건이 없어졌다고 우울해하기보다 하나의 추억으로 마음에 담아두는 편이 낫지 않을까?

식기나 가구 등 지금 당장 떠나보낼 수 없는 물건은 줄 사람에게 의향을 확인한 후 이미 갈 곳을 정해 놓았다. 갈 곳이 이미 정해진 물건과 함께 하는 삶은 너무나 소중하고, 사랑스럽고, 충만하다.

그 물건,
내가 필요 없으면
남도 필요 없다

내가 갖기 싫은 물건은 다른 사람도 갖기 싫다. 그것이 인지상정이다. 당신은 물건을 처분하는 일반적인 방법이 무어라 생각하는가? 바로 친척이나 자녀, 다른 사람 등 남에게 물건을 주는 것이다.

하지만 나에게 더는 쓸모없는 물건을 받아든 사람은 정말 기뻐할까? 한 보고에 따르면, 다른 사람이 쓰던 물건을 받았을 때 90퍼센트에 달하는 사람이 '귀찮은 쓰레기'로 받아들이고 전혀 기뻐하지 않는다고 한다. 나는 이 사실을 안 순간 현실을 직시할 수 있었다. 요즘은 자신이 직접 산 물건 이외의 오래된 물건은 돈으로 바꿀 수 있거나 필요한 물건이 아닌 이상 필요 없는 사람이 많다는 말이다.

친구가 브랜드가 없는 오래된 가방들을 대학생 조카에게 주려고 했더니 "루이뷔통이라면 또 모를까" 하며 조카에게 거절당했다고 한다.

그렇다. 인기 브랜드라면 닳고 닳아 금세 끊어질 것처럼 오래된 것일지라도 갖고 싶지만, 브랜드가 아니라면 아무리 품질이 좋아도 다른 사람 눈에 띄는 가방 등은 거저 줘도 싫다는 말이다. 재활용 가게에 가져가거나 그냥 처분하는 편이 더 속 편할지도 모른다.

어머니는 아버지가 돌아가신 이후 물건에서 벗어나는 데 속도를 더 올리셨다. 당신에게 꼭 필요한 만큼만 남겨두고 신세를 진 친척이나 아는 사람에게 보석과 모피 등 딱 봐도 누구나 탐낼 만한 고가의 물건부터 떠나보내기 시작했다.

다른 사람은 물론 딸인 나에게조차 정말 필요한 물건인지 확인한 후 넘겨주셨다. 받은 사람이 진심으로 좋아했으면 좋겠다는 어머니의 진심이 느껴졌다. 이런 따스한 마음으로 소중한 물건을 다른 사람에게 물려주고 싶었던 걸까.

지금 여러분이 소유한 물건은 다른 사람에게 물려줄 가치가 있는가? 아니면 버려야 하는가? 곰곰이 생각해야 한다. 시간을 두고 평소 생각하는 연습을 해야지, 이는 하루아침에 얻을 수 있는 통찰이 아니다.

우리는 왜 불필요한지 알면서도 쌓여가는 물건에서 벗어나지 못할까? 비싸게 주고 샀으니까, 선물 준 사람에게 미안하니까, 언젠가 사용할지 모르니까, 자식이나 손자 손녀에게 남겨줄까 해서… 등 여러 가지 대답이 나올 수 있다. 그런데 그 답이 과연 실질적이고, 합리적일까?

50대 이후 지금 필요 없는 물건을 '언젠가 사용할' 확률은 10퍼센트도 안 된다. 나는 필요하지 않은 물건이 있는데, 앞에 든 이유 중 하나라도 해당하는 것이라면 과감하게 처분한다. 인생 후반부를 물건에 파묻혀 살고 싶지 않다면 단호한 결단력이 중요하다. 지금 '필요한 물건'과 '마음이 원하는 물건'을 확실히 구분해야 한다.

물건은 소유가 아니라 이용할 때 비로소 가치가 생겨난다. 물건을 늘리지 않기 위해 이 사실을 몇 번이고 나 자신에게 일깨우곤 한다. 소유하는 데 만족을 느낀다 해도 이는 장롱을 배 불리는 일에 지나지 않는다. 물건에도, 자기 자신에게도 행복이 절대로 찾아오지 않는다. 모든 일에 무지했던 젊은 시절이라면 몰라도 50대라는 큰 산을 넘어섰다면 지금까지의 경험을 통해 자기 자신에게 필요한 물건인지 아닌지 정도는 확실하게 구별할 수 있을 것이다.

가끔 너무 좋아서 도저히 떠나보낼 수 없는 물건이 있을지도 모른다. 하지만 이용 가치가 있는 물건에 둘러싸여 사는 삶이야말로 최고의 심플 라이프다.

그렇다고 해도 지금의 나에게는 도저히 버릴 수 없는 물건이 몇 가지 있다. 바로 외국에서 생활하면서 선물 받거나 구매한 귀여운 테디 베어들이다. 그 인형들을 오랫동안 옷장 깊숙한 곳에 넣어두었는데, 작년 크리스마스 때는 모조리 꺼내어 트리 앞에 장식했다.

테디 베어를 모두 처분하거나 친구나 지인들의 자녀 또는 손자 손녀에게 주려고 마음먹은 적도 있었다. 하지만 도저히 마음이 허락하질 않았다. 그럴 때는 억지로 물건을 떼어놓으려 하지 않는다. 이것이 내 나름대로 물건과 함께 살아가는 방법이다. 잠시 시간의 흐름에 맡겨 두는 것이다.

지금 테디 베어들은 침실 한쪽의 작은 테이블 위에 장식되어 있다. 아무래도 전원 집합시키기는 어려워 '오늘은 너야' 하며 일주일에 하나씩 상자에서 꺼내와 장식한다. 깨끗하게 먼지를 털어주고 얼굴도 닦아준다. 테디 베어들이 밝게 웃고 있는 것처럼 보이는 것은 과연 내 기분 탓일까? 언젠가 이 친구들과 정말 이별하는 그날까지 조금씩 '이별의 카운트다운'을 하려고 한다.

한 벌 사면
두 벌은 처분하는
초간단 옷 정리법

몇 년 전부터 옷을 한 벌 사면 두 벌은 처분하기로 했다. 그 전까지는 한 벌 사면 한 벌 처분한다는 원칙이었는데, 처분하는 숫자를 조금씩 늘려가기로 했다. 내 소지품 중 압도적으로 많은 물건이 바로 의류다. 그래서 의류를 줄여나가는 속도를 더 높이기로 마음먹은 것이다.

내가 가진 옷 중 스웨터를 제외한 대부분의 슈트, 블레이저, 스커트 종류는 노후에 전혀 도움이 되지 않을 법하다. 70~80대의 나이에 슈트를 입기 불편할 텐데 말이다. 그렇다고 아직 일하는 처지에 지금 당장 모든 슈트를 시원하게 처분할 수도 없는 노릇이다.

언젠가는 도래할 노후가 코앞까지 닥쳐왔지만, 아직 멀었다고 생각하고 싶은 것 또한 사실이다. 결국 지금의 내가 무리 없이 물건을 덜어낼 수 있는 한도는 한 개 또는 두 개라는 말이다. 그것도 지금 당장 버릴 수 있는 품목인 '옷'부터 줄여나가야 한다.

누가 보기에도 어울리지 않는 화려한 빨간색 명품 슈트를 '언젠가 입을지도 몰라' 하며 계속 지니고 있는 자신이 어리석다는 것을 깨달아야 할 연령대가 바로 50대다. 이는 '비싸게 주고 샀으니까' 버리지 못하는 것일 뿐이다. 절대까지는 아니더라도 이제 입지 못한다는 사실을 잘 알면서도 '언젠가 입을지도 모른다'는 생각에 사로잡혀 있다.

단언하건대, '지금' 못 입는다면 '언젠가 입을' 확률은 90퍼센트 이하다. 이 점을 자기 자신에게 확실히 이해시키고 과감하게 처분하도록 하자. 아무리 비싸게 주고 샀더라고 현재 이용 가치가 없어 쓰레기와 다를 바 없는 물건을 수납해 놓는 일만큼 인생을 낭비하는 일도 없다.

추억이 깃든 물건도
당신 마음먹기에
달렸어요

'장롱 속에 있는 옷이나 스웨터 같은 경우 남편이나 아이들 건 잘 처분하겠는데 제 옷은 아까워서 못 하겠어요. 어떻게 하면 좋을까요?'

종종 이런 질문을 받는다. 주로 50대 이상의 여성에게서 많이 나오는 질문인데, 수적으로 보면 70대가 가장 많다. 남편을 비롯한 다른 가족이나 남의 옷은 잘 처분하면서 왜 자기 옷은 처분하지 못 하는 것일까?

상대가 로봇이라면 '당신 마음먹기에 달렸어요!' 하며 버튼 한 번 누르면 해결될 것이다. 하지만 상대가 여성이라면 쉽지 않을 것이다. 지금까지 인생을 살아오면서 그 나름의 애정과 추억이 옷 안에 깃들어 있기 때문이다. 그래서 제안하고자 한다. 도저히 손에서 내려놓기 어려운 옷이 있다면 종이인형 놀이를 해보자. 옷과 자연스럽게 이별하는 놀이다.

좀처럼 옷과 이별하지 못하는 나 자신 때문에 괴로워하던 어느 날의 일이다. 문득 어린 시절 즐겨 하던 종이인형 놀이가 떠올랐다. 풍요롭지 않은 시절이었기에 어린이용 잡지 부록에 딸린 종이인형을 가위로 오려내 형형색색의 종이옷과 속옷을 입혀주며 놀곤 했다.

종이인형 놀이는 여자아이라면 누구나 푹 빠져 놀 수 있는 소꿉놀이였다. 부록에 있는 옷만으로는 만족할 수 없어 직접 종이에 옷을 그린 다음 오려내어 입혀주기도 했다.

어른이 된 지금은 남아돌 정도로 옷이 넘쳐난다! 어린 시절 동경하던 옷들이 지금은 옷장 속에 처박혀 있고 쓰레기로 변신했다…. 문득 나만을 위한 패션쇼를 열어 보자는 생각이 들었다. 그러면 즐거운 마음으로 나에게 어울리지 않는 옷, 유행이 지나 구식이 되어버린 옷들과 조금이나마 쉽게 이별할 수 있을 것 같았다. 나의 경우 약 한 시간의 패션

쇼가 끝날 즈음이면 두 벌에서 세 벌 정도의 슈트나 스웨터가 자연스럽게 '줄어들어 있다'. 그러면 수납공간도 자연스럽게 확보된다.

외출하기 전 필요한 물건을 꺼내려니 수납공간이 마치 만원 지하철처럼 물건으로 꽉 들어차 있는 경험을 누구나 해본 적이 있을 것이다. 찾고자 했던 물건은 보이지도 않고 마음만 초조해져 '이제부터 잘 해보자'라는 모처럼의 의욕도 사라지고 만다. 당신도 이런 경험이 있지 않은가?

필요할 때 필요한 물건을 쉽게 꺼낼 수 있다면, 그날의 컨디션이 달라질 수 있다. 그 하루가 일주일이 되고, 한 달이 되면, 그렇게 삶이 편안하고 쾌적해진다. 이제 당신도 편안한 삶을 동경이 아닌 현실로 만들 수 있다.

'적정 재고율'은 필요할 때, 필요한 만큼, 사용할 수 있다는 뜻의 경제용어다. 이 사고방식을 옷장에 도입해보면 어떨까? 옷장의 70퍼센트 정도만 옷을 수납한다. 옷장의 옷을 한쪽으로 다 모으면 대체로 30퍼센트 정도의 빈 곳이 생긴다. 옷걸이에 걸어 수납한 옷 사이의 간격은 2~3센티미터가 이상적이다.

이렇게 하면 어떤 옷이, 얼마나 있는지 일목요연하게 알 수 있다. 어떤 옷을 선택하면 좋을지 망설일 일도 없다. 또 통풍도 잘 되어 의류를 오랫동안 보관할 수 있다.

물건이 이렇게 많은데
어디서부터
손을 대야 할까?

물건이 줄어들면 몸과 마음이 가벼워진다. 하루하루의 생활이 얼마나 즐겁고 쾌적한지 경험해본 사람이 아니면 이해하기 어려울 수 있다. 이런 사실을 잘 알고 있으면서도 좀처럼 줄여볼 엄두를 못 내는 사람이 많다.

'물건이 이렇게 많은데 어디서부터 손을 대야 하지?' 생각하면 할수록 머릿속만 복잡하다. 몇 번이고 옷장과 벽장 속을 들여다보지만 깊은 한숨만 나온다. 몸도, 마음도 무거워진다. 혹시 이런 하루하루를 보내고 있지는 않은가? 내 주위만 해도 이러한 50~60대 지인과 친구들이 얼마나 많던가!

'내일 하면 되지' 하며 뒤로 미룬다. 하지만 지금 시간이 없어 못 한다면 내일 또한 시간을 만들 수 없을 것이다. 자기 자신에게서 물건을 빼 나가는 작업을 뒤로 미뤄도 '괜찮아' 하며 응석을 받아 줄 또 다른 구실이 생긴다. 게다가 뒤로 미루면 미룰수록 스트레스가 가중된다.

물건 줄이기와 정리정돈은 지금 당장 시작해야 한다. 오늘 못 하면 내일도 못 한다. 쇠뿔도 단김에 빼라 했다.

냉장고는 그 집의 위장이다. 그 안에는 식생활은 물론 모든 라이프 스타일이 숨어 있다. 심지어 항상 깨끗하게 유지하는 일이 너무나도 중요한 (그리고 어려운!) 공간이기도 하다. 식품을 정리하고 관리하면서 냉장고를 청소할 수 있다. 성과가 바로바로 나타나기 때문에 의욕도 넘친다.

냉장고 수납의 적정 재고율 70퍼센트를 준수하자. 나의 경우 냉장고에 들어가는 식재료나 식품 중 생선 등의 날 것은 2~3일, 그 외 식품은 일주일 안에 다 먹을 수 있는 양만큼만 넣는다. 지금까지는 70퍼센트 재고율이 이상적이라고 소개해왔다. 그런데 50대부터는 70퍼센트 이하, 60대인 지금은 대체로 60퍼센트 이하로 냉장고 속 내용물을 줄이기 위해 노력한다.

적정 재고율 준수는 소비전력 절약으로도 이어진다. 또 30퍼센트 이상 빈 곳이 있으면 냉장고 안쪽까지 한눈에 볼 수 있다. 어떤 식품이, 얼마나 들어 있는지 알 수 있어 쓸데없는 물건을 사는 일이 줄어든다. 냉장고 안을 청소하기도 쉽다. 굳이 모든 식재료를 밖에 꺼내놓지 않아도 왼쪽, 오른쪽으로 밀어가며 닦아낼 수 있다. 또한 다 먹지 못해 식재료를 썩힐 일도 없고, 과식 또한 예방할 수 있다. 정말 좋은 일만 가득하지 않은가.

언젠가는 소형 냉장고로 바꾸고 싶다. 하지만 찾아오는 손님이 많은 지금은 이제까지 줄곧 사용해온 대형 냉장고의 힘을 조금 더 빌리고자 한다.

먹는 걸 정리하면
몸과 마음이
정돈된다

냉장고의 재고율을 줄일 수 있고, 건강에 도움이 되므로 가능한 신선한 제품을 섭취하려고 노력한다. 식생활을 바꾸면 자연스럽게 장 보는 스타일도 달라진다.

우리 집 식탁은 채소 중심이다. 아무리 싸도 '한 무더기에 얼마'라고 적힌 식재료는 사지 않는다. 채소와 과일 같은 신선식품은 일주일 안에 소진할 수 있는 양만큼만 사기로 했다. 양배추와 무는 반 통씩, 오이와 토마토는 한 개씩 사며 신선도를 확인하며 고른다.

주말 점심은 재고정리 겸 남아 있는 식재료를 활용할 수 있는 메뉴를 생각한다. 식재료의 재고를 관리하는 습관은 균형 잡힌 식생활을 위해서도 필요하다. 좋아한다는 이유로 똑같은 식재료만 쌓아놓지는 않았는지 파악할 수 있기 때문이다.

나는 외출하기 전에 반드시 냉장고 속을 확인한다. '우유는 있나? 조미료는? 채소는?' 부족한 식재료를 눈으로 체크한 후 나간 김에 사온다. 집에 있을 때 냉장고에서 필요한 물건을 꺼낼 때도 냉장고 속 내용물을 확인한다. 그리고 문을 연 김에 냉장고 안이 더러워지진 않았는지도 체크한다. 더러우면 수건으로 쓱 문질러 닦는다.

모양이 제각각인 채소의 경우 냉장고 속에 수납할 때 버려지는 부분이 많이 발생한다. 일단 포장이나 팩은 슈퍼마켓이나 백화점 지하 식품매장 등 구매한 곳에서 바로 '제거'한다. 포장 용기에서 꺼내 비닐봉지에 옮겨 담으면 운반하기 편리하다. 또 냉장고 안에서 부피도 차지하지 않고, 냄새도 안 난다.

시금치나 소송채 등의 잎이 달린 채소는 신선할 때 뜨거운 물로 한 번 씻어준 후 신문지에 돌돌 말아 냉장고에 넣어

둔다. 그리고 2~3일 이내에 다 사용한다. 뜨거운 물로 씻어 주면 채소에 남아 있던 불순물을 제거하고 신선도를 지킬 수 있다. 농가 출신인 아버지가 가르쳐주신 방법이다.

브로콜리나 당근 등 생으로 사용하는 채소를 제외하고 손질한 후 투명한 용기에 넣어 보관한다. 그러면 냉장고 안이 깔끔하게 정리된다. 또 내용물이 다 보여 필요할 때 꺼내 쓰기 편리하다.

고민하고
또 고민해도
마음청소가 어렵다면…

고민하고 또 고민해서 사도 식재료나 요리는 항상 남기 마련이다. 혼자 또는 부부 단둘이 사는 세대도 점점 늘고 있다. 살림도 절약하고 물건을 소중히 여기는 마음으로 채소나 반찬을 되도록 남기지 않고 재활용할 수 있는 방법에 대해 고민하고자 한다.

하루하루 여유롭게 살기를 바라는 사람에게 '절약'에 역행하는 뉘앙스의 단어는 어울리지 않는다. '절약'보다는 '물건을 소중히 여기는 생활'이라는 표현이 좀 더 우리를 행복하게 만들어준다. 물건을 소중히 여기는 생활을 지향하는 덕분에, 어떻게 하면 물건을 재활용할 수 있을까 기쁘게 고민 중이다.

그 아이디어나 지혜는 사람마다 다 다르다. 내가 실천 중인 방법 몇 가지만 소개하겠다.

| 1 | 채소는 껍질째 먹는다

무나 당근의 껍질에는 식물섬유가 풍부하게 함유되어 있다. 나는 아침에 마시는 주스를 갈 때나 장아찌, 카레, 스튜 등 요리를 만들 때 뜨거운 물로 잘 씻은 채소를 껍질째 사용한다. 물론 꼭지 부분도 먹는다.

| 2 | 수박 껍질에는 영양분이 가득하다

어린 시절 내가 거들 수 있는 집안일은 부모님이 뒷마당에서 키우시던 오이, 토마토, 강낭콩, 참외, 수박 등을 바구니에 넣어 운반하는 일 정도였다. 큼지막하게 자란 수박은 아이에게는 너무 무거워 옮기는 것 자체가 상당한 중노동이었다. 땀을 뻘뻘 흘리며 양팔 가득 수박을 끌어안고 운반했다.

예전에는 여름철에만 먹을 수 있던 수박이 지금은 1년 내

내 시중에 유통된다. 살기 편한 세상이라 언제든 수박을 맛볼 수 있지만, 나에게는 여름철 무덥고 나른했던 추억이 퇴색되는 것만 같아 왠지 모르게 쓸쓸하다.

수박 껍질에는 미네랄, 식물섬유 등이 다량 함유되어 있다. 또 수분이 많아 바깥쪽 딱딱한 껍질 부분을 제외한 부드러운 부분을 잘게 썰어 수프에 넣거나 샐러드 재료로 사용할 수 있다.

| 3 | 오이의 꼭지 부분으로 손등 팩

오이에서 나오는 즙은 피부를 부드럽게 만들어준다. 또 미백효과도 있다. 특히 오이는 햇볕에 그을린 피부를 관리하는 데 최적이다. 실외 스포츠를 좋아하는 나는 요리에 사용하고 남은 오이 꼭지 부분으로 손등을 미끄러지듯 문질러준다. 레몬 껍질로도 가능하다. 요리도 하고 기미를 방지하는 손등 미백 팩도 할 수 있다. 시간과 자원을 효율적으로 활용하는 삶의 작은 즐거움이다.

| 4 | 여름귤 껍질

매해 봄이 되면 지인 집 마당에서 자란 무농약 여름귤이 우리 집으로 배달된다. 귤을 까먹고 나면 아까울 정도로 많은 껍질이 나온다. 직접 키워 보내준 지인의 마음을 생각하니, 이 껍질을 그냥 버릴 수가 없다.

그래서 생각한 방법이 바로 설탕 절임이다. 설탕 한 큰 스푼과 물 세 컵을 넣은 냄비에 뜨거운 물로 씻어놓은 귤껍질을 넣고 물기가 없어질 때까지 말랑말랑하게 삶는다. 그런 다음 차갑게 식혀 마무리로 가루 설탕을 묻혀주기만 하면 완성!

맛은 고급 화과자만큼 고급스럽다. 냉장고에 넣어두면 오래 보존할 수 있다. 내가 직접 만든 과자라는 사실에 기쁨을 느끼며 차를 마실 때 조금씩 곁들인다.

| 5 | 당근잎

나는 어렸을 때부터 당근에 잎이 붙어 있다고 생각했다. 빨간색 당근에 기다란 초록색 잎이 휘어지게 매달려 있었기 때문이다. 대도시의 슈퍼마켓이나 백화점 지하 식품매장에서는 잎이 없는 서양 당근을 주로 판매한다.

어쩌다 잎이 있는 당근이 눈에 띄면 바로 집어온다. 삶으면 금세 부드러워지는 당근은 자연의 단맛이 강해 약간의 소금만 뿌려도 아주 맛있다. 초록색 잎은 뜨거운 물로 잘 씻은 후 잘게 썰어 깨소금을 넣고 무쳐 먹는다.

| 6 | 조림 요리의 재활용

가족 인원수도 얼마 안 되는데 조림 요리를 너무 많이 만들어 곤란할 때가 있다. 냉동에 보관할 수 없는 경우도 많아 며칠 연달아 먹다 보면 질려버린다.

나는 고기감자조림이 남으면 국물을 제거한 후 그 속에 들어 있는 재료를 잘 으깨어 크로켓으로 만든다. 좀 질나 싶으면 밀가루를 조금 넣어준다. 이미 간이 배어 있어 튀김옷을 입힌 후 기름에 넣어주기만 하면 바로 맛있게 먹을 수 있다. 요즘에는 크로켓을 만들 요량으로 일부러 넉넉하게 만들기도 한다. 그러면 다음 한 끼 식사가 해결되어 상당히 편하다.

| 7 | 머위간장조림

남은 음식 재활용과는 거리가 먼 이야기일 수도 있지만….
내가 자주 여름철을 보내는 숲속 집 마당에는 야생 머위가 자란다. 보통은 버렸을 머위 잎을 뜨거운 물로 깨끗이 씻은 후 잘게 썰어 국물용 다시마와 간장으로 오랜 시간 보글보글 끓였다. 그랬더니 세상에나! 너무 맛있었다. 이렇게 새로운 레시피를 찾아내는 즐거움이 또 하나 늘어났다. 숲 근처에 사시는 분이라면 꼭 시도해보길 바란다.

물건을 끝까지
쓰는 것만으로도
마음이 청소된다고?

아버지는 진중한 삶을 살다간 분이다. 또 주변 물건을 활용하여 생활에 도움을 주는 '생활의 달인'이셨다. 아버지의 생활방식이 요즘 유행하는 친환경적인 생활을 의식한 것은 아니었을 것이다. 아마도 옛날 사람이라면 누구나 자연스럽게 몸에 익혔을 생활 속 아이디어와 지혜가 아니었을까.

아버지는 여름이면 남쪽 창가 쪽에 수세미외 시렁을 설치하셨는데, 가지가 휠 정도로 열매를 맺은 커다란 초록색 잎 덕분에 방 안까지 시원했다. 빛을 가리는 데도 최고였다. 크게 자란 수세미외를 잘 말리면 주방에서 냄비를 닦는 수세미나 목욕할 때 몸을 문지르는 편리한 도구로 변신했다.

길게 자란 담쟁이덩굴을 잘라 되들잇병에 꽂아두면 수세미외 물이 가득 찼다. 어린 시절 햇볕에 그을린 손과 발에 이 자연 화장수를 살짝 발라주면 달달하면서도 축축한 여름 향이 났다. 왠지 갑자기 어른이 된 듯한 형용할 수 없는 행복한 기분이 들었다. 조숙했던 어린 시절하면 떠오르는, 마음이 조금씩 따뜻해지는 소박하면서도 사치스러운 추억이다.

얼마 전 복식사를 주제로 한 전시를 보고 왔다. 그곳에서 두 종류의 무명을 이용하여 마치 패치워크처럼 손으로 꿰맨 오래된 아동복을 발견했다. 오랫동안 입어 금방이라도 헤질 것 같은 옷이지만, 사랑스러운 아이가 무사히 자라나기를 바라며 밤새 정성스럽게 꿰맸을 어머니의 모습이 눈앞에 떠오르는 듯했다. 낡은 무명옷이지만 물건을 소중히 여기는 마음을 손으로 직접 표현한 예술작품 같았다.

초등학교에 입학했을 무렵 아버지의 아침 일과 중 하나는 일찍 일어나 내 연필을 깎는 일이었다. 셀룰로이드로 만든 필통을 열면 다섯 자루 정도의 연필과 빨간 색연필, 지우개, 여기에 짧아진 연필을 사용하기 쉽게 만들어줄 연필뚜껑이 항상 가지런히 놓여 있었다. 아버지는 뭉툭해진 연필심을 손수 뾰족하게 다듬었다. 마치 '오늘 하루도 공부 열심히 해'라고 말씀하시는 듯 말이다.

하루하루 짧아지는 연필은 연필뚜껑을 껴서 사용했다. 하지만 연필 길이가 3센티미터로 줄면 도저히 짧아서 쓸 수가 없었다. 그러면 아버지는 짧아진 연필들의 꽁지 부분을 연결하여 양쪽으로 쓸 수 있게 만들었다. 아버지가 빨간 색연필과 일반 연필을 연결해주신 걸 보고 나는 정말 신기했다. 양쪽 모두를 사용하면 편리할 것 같다는 아버지의 아이디어가 빛나는 작품이었다.

옛사람들의 생활에는 이러한 아이디어들이 삶의 구석구석에 배어 있다. 세탁기가 보급되기 전 어머니들이 냄비나 밥공기에 딱 달라붙어 있던 밥알을 세탁용 풀로 사용하던 일이 떠오른다. 먹다 남은 밥을 넣고 끓인 물에 행주를 넣어 삶아주면 행주가 새하얗게 변신했다. 살균도 되고 행주가 새것처럼 말끔해져 입안에 넣어도 될 정도였다. 또 피부에도 안심하고 사용할 수 있었다.

최근 10년 동안 쌀 섭취량이 부쩍 줄어들었다. 흰쌀밥을 좋아하는 나조차도 기껏해야 아침에 밥 반 공기를 먹는 것이 전부다. 이것이 하루 섭취하는 쌀의 양이다. 먹고 남은 밥은 일 인분씩 랩으로 싸서 냉동고에 넣어 보관한다. 가끔은 어머니를 떠올리며 행주를 삶기도 한다.

식기 다이어트 기술에
아이디어와 지혜가
숨어 있다

사실 30대 시절의 나는 식기 모으기를 너무 좋아해서 '괜찮다' 싶은 제품이 있으면 일단 사고 보는 어리석은 소비자였다. 덕분에 식기 선반에는 양식기, 일본 식기가 여기저기, 통일감 없이 꽉 채워져 있었다.

지금 생각해보면 식기들이 내 좁은 주방에서 비명을 지르고 있었을지도 모를 일이다. 예전에 가구가 완비된 영국의 어느 집에서 살게 되었을 때 밥그릇과 국그릇, 작은 찻잔과 찻주전자 정도만 남기고 식기 대부분을 다른 사람에게 나누어 주었다.

영국에서 생활할 집에는 으레 있어야 할 가구와 식기들이 필요한 만큼 갖추어져 있었다. 물론 식기는 양식기였다. 그러다 보니 작은 샐러드볼을 밥이나 국을 담는 그릇으로 겸용할 수밖에 없었다. 그런데 전혀 불편하지 않았다. 그 사실을 깨닫고 나서는 오히려 여러 가지 물건을 겸용할 방법을 찾아내는 일이 즐겁고, 그런 하루하루의 생활이 알차게 느껴졌다.

그 후 독일에서 살게 되어 생활에 필요한 식기를 마련해야 했을 때 나는 생각했다. 일본 요리에도 겸용할 수 있는 식기를 사면 일본에 돌아가서도 쓸 수 있겠다! 이런 이유로 독일의 전통적인 도자기인 마이센을 사기로 했는데, 가격이 깜짝 놀랄 정도로 비쌌다. 그래서 생각해낸 방법이 돈을 모아 한 달에 한 개씩 사 모으는 것이었다.

그로부터 30년 가까이 흐른 지금. 우리 집에는 하기 도자기와 마이센 식기밖에 없다. 평소에 사용하는 식기와 손님 접대용 식기를 겸용하기 시작한 이후 식기 개수가 지금까지의 3분의 1로 줄어들었다. 지금 있는 식기를 사용하면서 남편과 둘만 살게 되었을 때, 나아가 혼자 살게 되었을 때를 고려하여 식기 다이어트를 해나갈 생각이다. 혼자 살 때의 식기는 다음 정도면 충분한다.

| 1 | 일식, 양식 식기(지름 25센티미터와 21센티미터의 접시 두 장)

뜨거운 음식을 담은 접시를 두 장 포개어 내면 혼자만의 식사도 화사해진다. 큼직한 접시에 두 종류 이상의 반찬을 올려놓으면 세련된 원 플레이트 런치를 즐길 수 있다.

| 2 | 시리얼볼(지름 약 15센티미터의 볼 세 개)

보통은 수프, 오트밀, 시리얼 등을 먹을 때 사용하는데, 영국과 독일에서 생활할 때 된장국을 담아 먹는 데 편리하게 사용했다. 된장국을 담을 그릇이 따로 있다면 샐러드볼로 활용해도 좋다.

| 3 | 찻잔과 소서(3인조)

찻잔과 소서saucer는 손님용으로 적어도 3인조 정도 있으면 좋을 듯하다. 1인용의 경우 머그잔만 있어도 충분하다. 하지만 가끔은 호화로운 찻잔에 차 한 잔 마시는 것도 좋다.

| 4 | 고블릿(두 개)

고블릿goblet이 두 개 정도 있으면 물 마시는 용과 와인 마시는 용으로 사용할 수 있다. 와인을 좋아한다면 와인 잔 두 개를 추가한다.

| 5 | 스푼(큰 스푼, 작은 스푼 각각 세 개)

큰 스푼은 카레나 스튜용으로, 작은 스푼은 커피나 홍차 등을 마실 때나 디저트용으로 사용한다.

| 6 | 나만의 젓가락(한 벌)

애착이 가는 나만의 젓가락을 정한다.

지금까지 경험을 돌이켜봐도 식기는 가능한 한 적은 편이 이롭다. 여러 용도로 식기를 겸용하거나 이런저런 아이디어를 낼 수 있어 즐겁다. 사람에 따라 식기의 취향이나 집착하는 식기의 개수는 다를 것이다. 하지만 이처럼 혼자 살 때 식기가 얼마나 필요할지 시뮬레이션해보면 물건이 별로 없어도 생활이 풍요로워질 수 있다.

영국과 독일에서 생활할 때, 양식기를 일본 요리에 사용했다. 그러면서 하나의 접시를 겸용하는 방법을 배울 수 있었다. 즐거운 경험이었다. 조리도구도 마찬가지다. 예를 들어 깊이가 있는 프라이팬 하나만 있으면 고기를 굽고, 오믈렛을 만들고, 팬케이크를 굽고, 볶음밥을 만드는 등 무슨 요리에든 겸용할 수 있다.

배가 고프면 머릿속이 맑아진다. 하지만 배가 부르면 아무 생각하기 싫고 졸음만 온다. 물건도 마찬가지다. 적으면 적을수록 생활 속 재미있는 아이디어와 지혜가 떠오른다.

50이라면 조금씩, 똑똑하게 먹는 법을 알아야 한다

요즘 음식을 먹을 때 적어도 스무 번 이상 꼭꼭 씹어 먹으려고 노력한다. 업무상 점심을 먹을 일이 많아 식사보다는 상대방과의 대화를 중시하며 '빨리 먹는' 습관이 있다. 지금도 이 습관에서 좀처럼 벗어나지 못하고 있다. 식사를 조절하며 생활하는 일이 얼마나 중요한지 깨달은 이후 다음의 여섯 가지 규칙을 지키려고 노력한다.

① 채소를 중심으로 신선한 어패류와 붉은 고기를 번갈아 먹는다.

② 과음했다, 과식했다 싶으면 다음 날 양을 조절한다.

③ 입에 넣는 모든 음식의 양을 줄이는 한편 식재료의 품질과 산지에 관심을 둔다.

④ '저게 몸에 좋대, 이건 몸에 안 좋대' 등 부정확한 건강 정보에 현혹되지 않고, 내 몸에 좋은 음식을 스스로 결정하여 골라 먹는다.

⑤ 되도록 여러 종류의 식품을 골고루 섭취한다.

아버지는 '그 계절에 나는 채소는 꼭 섭취하라'고 입버릇처럼 말씀하셨다. 여든아홉 살의 나이에 돌아가실 때까지 아버지의 식탁은 양은 많지 않지만 채소, 고기, 생선, 달걀이나 우유, 과일 등의 다양한 음식으로 채워져 있었다.

먹는 것이 곧 그 사람이라는 말이 있다. 오늘 내가 먹은 음식이 내일의 나를 만든다. 필요 이상 많이 먹거나 가공 과정이 긴 음식을 먹으면 그것이 곧 몸으로 나타난다. 내가 먹은 음식은 거짓말을 하지 않는다. 50대 이후에는 먹는 이 음식이 내일 나의 컨디션을 만든다는 생각을 잊지 말아야 한다.

안 읽는 책에
미련 두지 말고,
필요한 딱 한 권만

매초 새로운 정보가 쏟아지고, 젊은 사람들은 신문이나 책보다 빠른 인터넷이 더 편리하다고 이야기한다. 그럼에도 나는 아직 활자에서 벗어나지 못하고 있다. 편리한 것이 무조건 좋은 것은 아니다. 활자에 찍힌 종이만이 주는 정서와 정보 전달력을 나는 신뢰한다. 하지만 되도록 종이가 산처럼 쌓이는 일은 없도록 주의하고 있다.

서류의 경우 아직 처리하지 않았거나 진행 중인 것은 안건별로 클리어 파일에 넣어 보관한다. 일이 하나 마무리되면 관련 자료나 파일을 다시 한 번 훑어본 후 버린다. 신문이나 주간지는 다 읽고 커다란 종이봉투에 넣어 일주일에 한 번 재활용 쓰레기를 버리는 날에 봉투째 내다 놓는다.

신문은 네 종류, 주간지는 두 종류만 구독하기로 정해 두었는데, 일주일 치만 해도 상당한 양이다. 읽고 싶은 책이 생겨도 일단은 서점에 가서 한 번 훑어본 후 구매할지 말지를 결정한다. 좋아하는 외국 서스펜스 분야의 도서는 주로 문고판으로 산다. 읽고 나면 바로 처분하기 때문에 집 안에는 현재 읽고 있는 책 한 권밖에 없다.

신문이나 잡지, 책 등이 쌓여 있으면 '저걸 읽어야 하는데' 하며 마음이 무거워진다. 좋아하는 것이 의무가 되어 마음을 무겁게 한다면 그것의 가치는 퇴색한다. 읽고 싶은 책 한 권만이 항상 내 옆에 있다. 앞으로 늙어서도 활용할 수 있는 나만의 독서 스타일이다.

요즘은 휴대폰으로 사진을 주로 찍지만, 오래된 사진도 집 안을 어지럽히는 고민거리 중 하나일 수 있다. 현재 내 사진 재고량은 가로, 세로 30센티미터 크기의 골판지 상자 하나다. 지금부터 10년에 걸쳐 작은 파일 한 권으로 정리해 나갈 예정이다. 수많은 추억은 사진이 아닌 내 마음속에 남기고 저장해야 한다. 오래된 사진은 추억별로, 연도별로 한 장씩만 남겨두고 나머지는 처분한다.

하루하루 생활하면서 버릴 물건을 확실히 정하면 망설일 일이 없다. 나는 다음 원칙에 따라 물건을 버리기로 했다.

- 백화점 전단은 일주일 후, 여행 전단은 6개월 후
- 통신판매 카탈로그는 보고 나면 바로
- 2년 지난 크리스마스 카드와 연하장
- 작년 달력
- 사용하지 않는 전기제품, 컴퓨터 등의 사용 설명서
- 기한이 지난 보증서

50이라면
익혀두어야 좋은
마음 정돈의 원칙

물건을 줄여 방이 일시적으로 깨끗해진다 해도 항상 그 상태를 유지하려면 행동의 원칙이 중요하다. 내가 실행 중인 원칙을 소개하자면 다음과 같다. 여러분의 손과 몸이 자연스럽게 움직일 때까지 이 네 가지 원칙을 몇 번이고 반복하는 일이 중요하다.

① 무언가 꺼냈으면 제자리에 놓는다.

② 문이나 서랍을 열었으면 반드시 다시 닫는다.

③ 무언가 떨어져 있으면 반드시 줍는다.

④ 단추를 달거나 직접 할 수 있는 간단한 수리 등은 일주일 이내에 처리한다.

물건을 줄여도 그만큼 더 무계획적으로 다른 물건이 늘어난다면 이도 저도 안 된다. 그래서 나는 나름의 장보기 원칙을 정했다. '정해진 위치, 정해진 콘셉트, 정해진 양'을 준수하고 실천하면 두 번 다시 집에 마음에 들지 않는 물건이 넘쳐날 일이 없다.

① 신선도가 중요한 생선은 그날 먹을 양만큼만 산다.

② 오래 보관할 수 있는 조미료나 일용잡화는 미리 개수를 정해 반정도 쓰면 채워 놓는다.

③ 싸다는 이유만으로 사지 않는다.

④ 필요한 물건인지 아닌지 자문자답한다.

⑤ 무료 경품이나 샘플에 손을 뻗지 않는다.

⑥ 신발이나 속옷 종류는 얼마만큼 버릴지 먼저 결정한 후 산다.

오직 그 계절에만
할 수 있는
마음청소가 있다

나는 계절에 즐길 수 있는 일을 소중히 여긴다. 아무리 바빠
도 최근 10년 동안 절대 손에서 내려놓지 않은 '행사'가 있
다. 바로 '매실주 담기'와 '염교 절이기'다.

| 1 | 매실주

6월이 되면 매실을 구해 깨끗하게 씻은 후 이쑤시개로 꼭지
하나하나를 정성스럽게 제거한다. 독일에서 생활할 때는 별
수 없이 담글 수 없었지만 30년 이상 매실주를 담았다. 요즘

에는 반년쯤 지난 매실을 꺼내 보글보글 끓여 매실잼을 만들기도 한다. 이렇게 적고 있자니 입안에 군침이 돌 정도로 시고도 맛있는 매실잼. 빵에 발라 먹거나 피곤할 때 그냥 수저로 떠서 영양제 대신 먹는 소중한 보존식품이다.

나만의 매실주 레시피를 공개한다. 우선 매실 1킬로그램당 설탕 200그램을 준비한다. 앞에서 말한 방법으로 손질한 매실을 살균 처리한 밀폐 용기에 설탕과 번갈아 넣어준 후 위에서부터 소주 1리터를 부어준다. 신선한 매실이 맛을 결정하니 흠집 없는 매실을 고르자.

| 2 | 염교 단촛물 절임

7월 즈음 슈퍼마켓이나 백화점 지하 식품매장에 염교가 등장하기 시작하면 알이 굵은 것으로 1킬로그램 정도 구매하여 양쪽 끝을 잘라준 후 정성 들여 씻어 얇은 껍질을 벗겨낸다. 2~3일 정도 소금물에 담가 두었다가 설탕 200그램과 흑식초 1리터에 절여준다. 한 달 정도만 지나면 아삭아삭한 염교를 맛볼 수 있다.

매해 만드는 양은 일정한데 먹는 양이 줄어 다른 사람에게 나누어 주는 양이 그만큼 더 늘어났다. 맛있게 먹어줄 사람들의 얼굴을 떠올리며 앞으로도 쭉 보존식품을 만들 생각이다.

마음청소를
부르는 소소한
11가지의 즐거움

평범한 하루하루가 계속되는 삶이라도 약간의 '간'이 더해지면 새로운 기쁨을 느낄 수 있다. 나는 나이가 든 후에도 그런 삶을 계속 연출할 수 있는 '명 프로듀서'가 되고 싶다.

| 1 | 양초를 즐긴다

독일에서 돌아온 이후 우리 집 테이블에는 양초가 등장했다. 주로 다이닝 테이블이나 거실 사이드 테이블 위에 양초를 둔다. 밤에 천장 조명을 어둡게 한 후 양초에 불을 붙이면

항상 먹던 음식도 마치 유명 레스토랑에서 먹는 디너처럼 느껴진다.

틀에 박힌 부부간 대화도 약간은 활기를 띤다. 얼마 안 되긴 하지만 전기요금도 절약할 수 있고, 갑자기 정전이 일어났을 때도 도움이 된다.

| 2 | 남성용 와이셔츠의 재활용

요즘에는 레이어드 룩이 유행이다. 젊은 친구들이 레이어드를 적절히 활용해 맵시 있게 옷을 입는다. 나도 얼마 전 잡지 취재 때 오래된 남성용 와이셔츠 위에 짧은 느낌의 검은 색 스웨터를 레어어드하여 입어 보았다. 덕분에 촬영 감독에게 '꽤 괜찮은데요'라고 칭찬을 받았다. 사실 젊은 사람에게 어필해보려고 입은 것인데 50대 감독님께 칭찬을 받으니 마음이 좀 복잡하긴 했다.

면 100퍼센트 와이셔츠여서 피부에 닿는 감촉도 좋고, 엉덩이 부분도 완전히 가려주어 풀오버 느낌도 났다. 게다가 와이셔츠의 경우 소매를 제거하면 양복용 커버로 활용할 수 있다. 절약하는 느낌이 아니라 물건을 소중히 여길 줄 아는 따뜻한 느낌이 든다.

| 3 | 비누는 훌륭한 방향제

방심하면 선물용 비누는 금방 늘어난다. 나는 비누를 종이 수건에 싼 후 표면에 몇 군데 구멍을 뚫어 서랍이나 신발장에 넣어둔다. 문이나 서랍을 열 때마다 좋아하는 비누 향기가 은은하게 퍼져 나와 좋다. 허브 향이라면 의류 방충효과도 있다.

| 4 | 키친 가드닝

주방 창가 쪽에 무, 당근, 고구마, 파드득나물 등 채소의 뿌리를 물에 담가 간단하게 수경재배를 한다. 주방 창가를 초록으로 꾸미고 약간의 향신료가 필요할 때 매우 요긴하다. 식물이 자라나는 모습을 보며 지친 마음에 위안을 얻는다.

| 5 | 꽃꽂이

방 안에는 조화가 아닌 생화를 둔다. 꽃향기를 즐기고 싶은 나는 반드시 살아 있는 꽃을 활용해 방을 장식한다. 백합이나 수선화 등은 룸 프레이그런스로도 좋다.

꽃 부분이 아래로 처지기 시작하면 되도록 심 부분을 짧게 잘라 샐러드볼 등 깊이가 얕은 접시에 물을 채운 후 꽂는

다. 최대한 많이, 화려하게 꽂아두면 테이블 주위가 밝아진
다. 짧게 잘라준 만큼 물을 잘 흡수하여 꽃이 생기를 되찾는
다. 테이블 위에 두는 꽃은 식사 분위기를 해치지 않도록 색
이 옅고 향이 약한 품종으로 고른다.

| 6 | 작은 대나무 소쿠리

작은 대나무 소쿠리가 두 개 정도 있으면 토스트를 올려놓
거나, 매실이나 채소를 말리거나, 손님용 물수건을 올려놓
는 등 유용하게 쓸 수 있다. 막 튀긴 튀김을 올려놓거나 두부
의 물기를 제거하는 접시로도 사용할 수 있다.

　여행을 갔을 때 어느 작은 호텔에서 대나무 소쿠리에 갓
따온 양상추, 토마토, 오이 등을 담아 '고원 샐러드'라며 내
놓았을 때, 나도 모르게 '이 아이디어 저도 좀 쓸게요!'라고
외치고 말았다. 항상 먹던 채소가 백배는 더 맛있고 신선하
게 느껴졌다. 그 후 우리 집에서는 여름철이 되면 신선한 생
채소 샐러드를 대나무 바구니에 담아 먹는다.

| 7 | 한곳에 모아두면 편리하고 멋지다

우리 집 현관에는 도자기로 만들어진 작은 장식용 접시 위

에 방 열쇠, 차 키 등이 다 모여 있다. 집에 돌아오거나 외출할 때 반드시 지나치는 장소에 열쇠가 있으면 절대 잊어버리지 않는다. 외국에서 기념품으로 산 예쁜 장식용 접시를 사용하는데, 도자기다 보니 먼지 등을 물로 깨끗이 씻어낼 수 있어 항상 깨끗하다.

살면서 무엇이든 한곳에 모아두는 습관을 들이면 방 안이 물건에서 해방되어 공간을 넉넉하게 쓸 수 있다.

| 8 | 작은 유리병의 재활용

도심의 유명 호텔에서 만든 초콜릿 페이스트는 내가 가장 좋아하는 상비품 중 하나다. 단점이라면 양이 적어 금세 병이 텅 비고 만다는 것이다. 귀엽고 세련된 이 병을 그냥 버리기는 아깝다. 그래서 매일 아침 드레싱을 섞는 병으로 사용한다. 올리브유 한 수저, 흑식초 한 수저, 소금과 후추 약간을 넣은 후 뚜껑을 닫고 흔들어준다. 그러면 불과 몇 초 만에 맛있는, 집에서 직접 만든 프렌치드레싱이 완성된다. 또 집에서 직접 만든 잼이나 염교 절임을 나누어 주는 용기로도 쓰기 편리하다.

| 9 | 페트병의 재활용

혼자서 밥을 먹거나 친구와 간단하게 브런치를 할 때면 파스타 요리를 한다. 건조된 스파게티 면도 우리 집 보존식품 중 하나다. 빈 페트병에 스파게티 면을 넣어 보관하면 습기도 막을 수 있고 투명해서 양도 확인할 수 있다. 또 병을 기울이면 딱 한 사람 분량의 스파게티 면이 나온다. 인원수에 맞게 필요한 양만큼만 꺼낼 수 있어 정말 편리하다.

| 10 | 집 안에 나만의 에코백을 두자

나는 작은 천으로 만든 에코백에 컴퓨터 전원 코드나 펜, 수첩, 휴대전화 등 자주 사용하는 물건을 넣어 방에서 방으로 이동할 때 들고 다닌다. 필요할 때 어디에 있는지 바로 알 수 있도록 항상 의자에 걸어놓는다. 에코백은 일하는 동안 내 옆에서 항상 '나 여기 있어' 하며 친구처럼 말을 걸어준다. 물건에 휘둘리지 않는 단순하고 경쾌하며 쾌적한 삶은 그리 어렵지 않다.

| 11 | 차를 즐긴다

나는 커피보다는 홍차를 좋아한다. 집에서 차를 마실 때면 이런저런 새로운 방법을 시도한다. 박하사탕을 넣으면 민트티. 뜨거운 홍차에 마시멜로를 띄우면 비엔나티. 홍차에 데운 오렌지 주스를 몇 방을 떨어뜨리면 오렌지티. 사과를 잘라 넣으면 애플티. 추운 날 홍차에 벌꿀과 생강을 넣어주면 몸이 따끈따끈해지고 힘이 난다.

이 외에도 많지만 여기까지만 하겠다. 이제 여러분의 아이디어도 추가해보길 바란다. 생각만으로도 기분 좋아지는 티 타임. 언제까지고, 거르지 않고 계속 즐기고 싶다.

50!
....
청결하고 깨끗해지기
가장 좋은 나이
....

지인 중에 70대 여성 두 명이 있다. 20년 전, 독신이었던 A
씨는 같이 살던 부모님을 여읜 후, B 씨는 남편을 잃은 후 각
각 혼자 살고 있다. 두 사람 다 50대의 나이에 물건으로 넘
쳐나는 크고 오래된 집에 혼자 덩그러니 남겨진 셈이다.

두 사람과 오래전부터 알고 지내며 이런저런 이야기를 나
눌 기회가 많았던 나는 두 사람에게 '앞으로 어떻게 하면 좋
겠냐?'는 상담을 받았을 때 똑같은 조언을 했다. '생활에 필
요한 물건만 남기고 다 처분하면 어때?'

말하기는 쉽지만 행동하기는 어렵다고 하지 않던가! 그때까지의 경험상 50대의 두 사람에게 좀처럼 쉽지 않은 일이라는 사실은 잘 알고 있었다.

물건이나 삶을 줄여나가기 위해서는 타력이 아니라 자발적 의지가 중요하다. 다른 사람은 어디까지나 조언할 수 있을 뿐, 삶을 변화시키는 추동력은 자기 자신에게서 온다. 50대는 아직 몸과 마음에 힘이 넘친다. 앞으로 어떤 새로운 만남과 사건이 펼쳐질지 모른다. 아직은 무언가에 도전할 수도 있는 나이다.

아직 멀고 먼(?) 60대나 하물며 몸도, 마음도 쇠약해져 늙어버린 자기 자신을 떠올리기는 좀처럼 쉽지 않은 법이다. 하지만 시간은 강물처럼 쉼 없이 흐르고 흘러 누구에게나 평등하게 늙음이 찾아온다. 시간은 절대로 멈추지 않는다.

남편을 잃은 B 씨는 일단 적당한 크기의 맨션으로 이사하며 크고 오래된 가구를 처분했다. 18평 크기의 맨션에 들어갈 수 있는 짐만 남기고 나머지는 모두 살던 집과 함께 손에서 내려놓았다. B 씨는 "아이들도 언젠가는 독립할 테니 넓은 집은 필요 없다"라고 했다.

"처음에는 옛집에 깃든 추억 때문에 마음이 흔들리기도

했지만, 어차피 언젠가는 유료 노인시설에 들어가야 할 테고 그때를 위한 짐 줄이기의 한 단계라고 생각하니 마음이 정리되더군요."

B 씨는 50대에 재출발했다. 남편과의 추억 또한 '마음속에 담아 두었다'라며 신혼 때와 시간이 흘러 찍은 사진 몇 장만 남겨두고 깔끔하게 처분했다. 그녀가 혼자 살기 시작한 공간은 거의 아무것도 없어 댄스 플로어로도 사용할 수 있을 정도다.

한편 A 씨는 부모님과의 추억이 담긴 물건과 집을 좀처럼 처분하지 못해 지금도 물건이 넘쳐난다. 소유한 물건 대부분이 혼자 사는 데 필요 없는 물건이어서 볼 때마다 '한숨이 나온다'고 한다. 70대에 들어선 A 씨는 이제야 발등에 불이라도 떨어진 듯 '어떻게든 해야 한다'고 마음먹어 보지만, 기력도, 체력도 말을 듣지 않는 자기 자신에게 매일 초조해하며 지내고 있다.

혼자 살게 된 것을 계기로 앞으로의 생활을 위해 자기 삶의 방식을 단번에 리셋해버린 B 씨. 수많은 추억과 물건이 슬슬 무거운 짐으로 다가와 신경이 쓰이면서도 몸이 마음대로 움직여주지 않아 '어떻게 하면 좋을지' 하루하루 고민 중인 A 씨.

나는 학창시절과 회사원 시절, 여기에 해외 생활까지 포함하면 지금까지 열일곱 번 이상 이사해본 경험이 있다. 그때마다 '삶을 리셋할 기회!'라고 생각하며 물건을 줄이고 생활방식, 삶의 방식을 조정했다.

젊었을 때는 환경이나 생활에 변화가 생겨도 이를 극복할 만한 기력과 체력이 충분하다. 아직 힘이 넘칠 때 기력과 체력이 쇠퇴하기 시작하는 앞으로의 10년 후, 20년 후를 생각하여 지금까지와는 다른 삶의 방식으로 리셋하도록 하자. 호시탐탐 그 기회를 찾으려는 노력도 필요하다. 병이나 부상, 가족 구성원의 변화, 실업, 정년퇴직과 같은 경제적 변화 등 모든 것을 기회로 삼아 긍정적으로 삶을 리셋해야 한다.

얼마 전 B 씨의 아담하고 청결한, 그야말로 '정해진 위치, 정해진 콘셉트, 정해진 양'을 그대로 실천 중인 쾌적한 방에서 차를 마셨다. 그녀는 "손자가 말이야. 우리 집에 오면 아무것도 없어서 마음이 느긋해진대" 하며 웃었다.

집안일을 간단히 끝내고 취미와 봉사활동으로 바쁘게 살아가는 그녀의 얼굴에는 생기가 흘렀다. 필요한 물건에만 둘러싸여 '작고 가볍게' 살며 70대를 즐기고 있는 그녀를 본다. "20년 전 당신의 현명한 결단이 옳았어!" 나도 모르게 축배를 들고 말았다.

이 글을 읽는 당신도 50대부터는 노후의 삶을 상상해 보고, 이를 위해 지금의 생활을 리셋하는 습관을 들이길 바란다. 우울하고 외로운 노후가 아니라 10년 후, 20년 후의 밝은 미래를 디자인하고 실행에 옮기기 위해서 말이다.

4장

50부터는
눈치 보지 말고
욕망을 해방하라

CHANGE MY LIFE

50이라면
마음 디톡스가
필요하다

기계를 오래 사용하면 금속 피로 현상(금속 재료에 계속하여 변형력을 가하면 연성이 점차 감소하는 현상 – 옮긴이)이 나타난다. 마음도 때로는 소진된 기계처럼 지쳐서 너덜너덜해질 때가 있다. 방이 더러워지기 전에 청소하는 일이 중요하듯 마음이 너덜너덜해지기 전에 치유하는 일도 중요하다. 둘 다 때를 놓치기 전에 미리 정리하고, 치유해야 한다.

산책은 몸과 정신 건강 모두에 요긴하다. 홀로 산책을 하러 나갔을 때 주위에 아무도 없다는 사실을 확인한 후 눈에 띄는 사물을 향해 큰소리로 외쳐본다.

"와, 이 나무 정말 크다."

"초록이 예쁘네."

"오늘은 하늘이 참 높구나."

무엇이든 생각나는 대로 소리 내어 말해보자. 이렇게 하면 좌우 뇌가 활성화되고 입 밖으로 꺼낸 말이 몸속에 확실히 뿌리를 내려 마음이 갓 세탁을 마친 것처럼 깨끗하고 후련해지는 효과를 볼 수 있다. 이 방법은 전문가에게 들은 것으로, 마음의 짐을 덜어내는 아주 간단한 방법이다. 믿어지지 않는가? 속는 셈 치고 왠지 마음이 답답할 때 꼭 한 번 시도해보길 바란다.

단 항상 주위에 사람이 있는지 없는지부터 확인해야 한다. '이상한 아줌마 아냐?' 하며 주변 사람들이 여러분을 경계하거나 멀리할 수 있기 때문이다. 하지만 역시나 전문가의 조언답게 효과는 그 즉시 나타날 것이다.

행복은 멀리 있는 것이 아니다. 그리고 행복은 수동적인 사람에게는 찾아오지 않는다. 가만히 있으면 어떤 일도 일어나지 않는 게 인생이다. 오히려 마음이 행복을 불러들이고, 되찾아야 한다. 행복은 자기 마음속에 숨어 있다.

행복이라는 감정은 오래 가지 않는다. 하지만 행복을 느끼는 감정은 몇 번이고 경험할 수 있다. 작은 기쁨도 그것이 쌓이다 보면 행복으로 이어진다. 과거나 미래만 바라보고 현실을 잊은 사람은 행복을 붙잡을 수 없다. 발밑에 있는 땅을 힘껏 밟고 서서 아무것도 아닌, 하찮은 하루하루의 작은 일에 관심을 가지고 성실하게 살아가야 한다. 그 속에 행복이 가득할 터이다.

나는 매일 아침 세수한 후 거울 앞에서 싱긋 웃어 본다. 주름과 기미가 눈에 띄는 민낯을 손으로 쭉쭉 펴주며 '오늘 하루도 좋은 일만 가득하기를' 진심을 담아 마음과 뇌에 암시를 보낸다.

좁은 길에서 스쳐 지나가는 모르는 사람에게도 항상 '안녕하세요' 인사를 건넨다. 나이 지긋한 어르신이나 어린아이를 데리고 가는 젊은 엄마를 보면 무언가 도와줄 일은 없나 생각한다. 무슨 일에든 '감사합니다'를 연발한다. 이럴 때 행복이 마음속으로 날아든다.

확실치 않은
'예스'보다 아닌 건
'노'라고 말하라

〈예스맨〉이라는 영화가 있다. 짐 캐리 주연의 영화로, 늘 시니컬하게 '노'를 외치던 한 남자가 어떤 사건으로 '예스'라고 대답하도록 세뇌당한 후 인생이 놀랍게 달라진다는 내용의 영화다. 긍정적 대답이 삶을 밝게 변화시킨다는 메시지를 담은 이 영화가 무척 인상 깊게 기억에 남아 있다.

젊을 때는 '예스'라고 대답하고 긍정적인 마인드로 인생을 개척하며 교우 관계의 깊이와 폭을 넓혀 나가야 한다. 인생에는 때가 있기에, 이에 대해서는 나 또한 대찬성이다. 생장 단계와 나이에 걸맞는 활동이 필요하다.

나이 들어 노년기를 향해 가는 지금은 능숙하게 '노'라고 이야기할 수 있는 사람이 되고 싶다. 어느 정도 경험을 쌓아 인생의 단맛, 쓴맛 다 아는 나이가 되어서도 '예스'를 연발하는 인생, 너무 지치지 않나?

회사를 경영하기 시작한 이후 전보다 더 확실하게 '노'라고 이야기하려 한다. 사실 '노'라고 말하고 싶은데 '예스'라고 말하는 모호한 태도는 부족한 자신감을 상대방에게 드러내는 것과 같다. 따라서 숫자를 다루는 현실의 비즈니스 세계에는 적합하지 않은 태도다.

일상생활에서도 확실치 않은 '예스'는 늘 후회를 남긴다. 결국 '이거 곤란하게 됐네' 하는 생각이 언제까지고, 무겁게 마음을 짓누른다.

모든 일에 사람 좋은 얼굴 하고 있다가는 결국 자기 마음에 불똥이 튀고 만다. 상대방이 기분 나쁘지 않게 능숙하게 거절하는 방법은 즉답을 피하는 것이다. 나는 그럴 때면 일단 생각할 시간을 달라고 이야기한다. 그리고 "오늘 5시까지는 대답할게"라고 덧붙인다.

피드백의 기한을 설정하는 이유는 이미 마음속에 '노'라는 답이 나왔는데 언제까지고 담아두고 싶지 않기 때문이다. 또 그 자리에서 바로 '노'라고 대답하는 것보다 조금 시간을 두는 편이 상대방에게 조금이나마 좋은 인상을 줄 수 있기 때문이다.

그리고 정확히 약속한 시간에 '노'라고 대답한다. 이때 쓸데없는 이유는 덧붙이지 않는다. 생각하고 또 생각해서 내린 결론이 '노'라는 사실을, 내 성의가 상대방에게 전달되기만 하면 된다. 그러면 마음이 한결 가벼워진다. 군더더기 없이 아닌 걸 아니라고 말할 수 있는 사람이 어른이다. 능숙하게 '노'라고 말할 수 있는 어른이라면 고민을 껴안고 살 일도 그만큼 줄어든다.

불안이 닥쳐와도
끝까지 맞서는
50의 마음

고등학생 시절의 일이다. 여고 시절이라니 아주 먼 과거의
이야기처럼 느껴지지만, 사실 그렇게도 오래된 일 같지 않
다. 가끔은 노년의 길에 들어선 내가 더욱 생경하게 느껴진
다. 국어 수업 시간에 선생님께서 우리에게 '슬픈 일이 있을
때는 마음껏 울라'고 말씀하셨다. 수업 내용과 상당히 거리
가 먼 이야기이고, 그 내용이 뭉클해 정확히 기억하고는 있
지만, 당시에는 그 뜻을 잘 이해할 수 없었다.

　그런데 지금 이 나이가 되고 보니 당시 50대였던 선생님

말씀의 뜻이 심금을 울리는 듯하다. 살다 보면 아무리 나이를 먹어도 마음이 불안해지거나 슬퍼지는 일에 맞닥뜨릴 때가 있다. 그럴 때 되새겨보는 말이 바로 이것이다. 슬플 때는 마음껏 우는 것, 실컷 그 슬픔에 집중하는 것. 그렇게 마음껏 울고 나면 해결책이 보인다는 뜻이 아닐까?

마음에 근심거리나 슬픔이 있으면 기력이 떨어지고 순식간에 젊음을 잃고 만다. 불안하거나 근심거리가 있을 때는 끝까지 마주하고 고민해야 한다. 절대 도망치지 말아야 한다. 도망치면 그 순간은 편하다. 하지만 불안이나 걱정이 몇 번이고 머릿속을 스치고 지나가 언제까지고 괴로운 마음이 사라지지 않는다.

가끔 '어떡해', '어쩌면 좋지'라는 말이 절로 나올 정도로 불안이 엄습한다. 그럴 때 나는 오히려 더 당당하게 '무엇을, 어떻게 하면 되는가!' 끝까지 고민한다. '회사가 망한다면?' 이런 생각이 들면 '어떻게 대처할지'에 대해 생각한다. 마음이 불안해지면 앞으로 해야 할 일에 대해 철저히 고민하고 생각한다. 그러면 반드시 빛이 보인다.

우리는 우리가 아는 것보다 훨씬 강인한 존재다. 절박한 상황에서 생겨나는 초인적인 힘까지는 아니더라도 인간은 벼랑 끝에 내몰리면 의외로 '그래, 해보는 거야!' 하며 용기와 자신감을 뿜어낸다. 중요한 것은 피하지 않고 불안과 절망에 맞서는 것이다.

나는 그 연습을 꽤 오래 했다. 쉽지 않은 시간이었다. 넘어질 때도 있었고, 혼자 운 나날도 있었고, 소중한 것을 한순간 잃어버린 날도 있었다. 하지만 난 이렇게 살고 있다. 요즘에는 그 어떤 곤란과 불안이 닥쳐와도 끝까지 맞설 수 있는 '근육질'의 마음을 갖게 되었다.

50부터는
진짜 하고 싶은 일을
고민하라

지금의 당신은 이제까지 인생을 살아오면서 여러분 스스로 가 쌓아온 '역사의 산물'이다. 50대에 들어선 당신이라면, 당신만의 능력과 결점을 체크하고 이를 앞으로 어떻게 살려 나갈지 생각해야 한다.

여러분은 인생 후반부에 자기 자신을 위해 무엇을 하고 싶은가? 채소를 키우며 유유자적한 인생을 보내고 싶은가? 자원봉사 등 지역 활동을 통해 삶의 보람을 찾아나가고 싶은가? 여행에 푹 빠져 살고 싶은가? 아니면 그냥 지금처럼 살고 싶은가?

독신으로 사는 내 지인은 최근 몇 년 동안 1년 중 3분의 1은 크루즈 여행을 하며 보낸다. 62세의 나이에 모든 경제활동에서 졸업한 그는 느긋한 여행을 무척 좋아한다. 지난번에는 북극을 한 바퀴 돌아오더니 이번에는 남극을 한 바퀴 도는 세계 일주를 즐기고 있다.

인생을 바쁘게 달려온 나는 그가 보낸 아름다운 엽서를 바라보며 문득 나를 돌아보았다. '그렇다면 나는? 나는 지금 무얼 좇아 사는 거지?' 생각에 잠기곤 한다.

나는 지금까지 내가 잘하지 못하는 일, 하고 싶지 않은 일에 몰두해왔다. 가족을 위해 살아왔다. 하지만 앞으로는 하고 싶은 일, 잘하는 일에 빠져들고 싶다.

생각난 김에 하고 싶으면서도 잘할 수 있을 것 같은 일들을 적어 보았다. 있네, 있었어! 꼬리에 꼬리를 물고 계속해서 떠올랐다. 그다음 우선순위를 매기고 언제부터 시작할지도 적어 보았다. 그러자 앞으로의 인생이 '나에게 남겨진 유한한 인생'이 아니라 무한대처럼 느껴졌다.

예정대로 다 할 수 있을지 없을지는 시간과 나 자신에게 달려 있겠지만, 조금이나마 지금 내가 하고 싶은 일과 꿈이 무엇인지 알게 되어 신바람이 난다. 신바람이 날아가지 않도록 하고 싶은 일은 지금 당장 실행해야 한다.

아무리 나이가 들어도 해야 할 일, 지금 하고 싶은 일을 뒤로 미루는 사람이 있다. '정년퇴직하면', '일을 그만두면', '돈이 생기면', '4월이 되면' 하고 핑곗거리를 끊임없이 만들며 말이다. 이런 변명을 들을 때마다 '왜 지금 당장 못 하는거지' 하는 생각이 든다.

방 안의 더러움도 치우기를 미루면 점점 더 청소하기 어렵다. 지금 당장 하지 않으면 '언젠가'라는 때는 점점 마음속에서 멀어지고 거의 찾아오지 않는다. 쇠뿔도 단김에 빼라 하지 않던가.

노후의 시간을 여유롭게 보내는 사람 대부분은 반드시 그전에 도움닫기를 하는 기간이 있다. 정년퇴직으로 시간적여유가 생겨 '자, 지금부터 해보는 거야'라고 생각해도 새로운 일에 도전하는 일은 심적으로나, 육체적으로나 만만치않은 일이다.

지금 해야 할 일을 '언젠가 해야지', '내일부터 시작하자'하며 미루는 사람은 결국 아무 일도 시작하지 못한다. '지금당장이 아니라 앞으로 언젠가'라고 생각하는 사람은 일을 뒤로 미루고 있을 뿐이다. 그런 사람은 '그땐 정말 건강했었지'라고 한탄하며 일생을 마감한다.

나는 마흔다섯 살이 넘어 사업이 궤도에 오른 이후 하고 싶은 일, 하고 싶었던 일에 끊임없이 도전했다. 플루트, 집필, 독일어, 발레 스트레칭, 수채화, 레이스 뜨개질, 손뜨개질, 요리, 과자 만들기, 수영, 골프, 테니스, 요가, 여행, 오페라 감상, 닥치는 대로 해외 서스펜스 소설 읽기…. 이 외에도 너무 많다. 요즘에는 내 생각을 시적으로 표현하는 일에 도전 중이다.

"뭐 하나 자기 것으로 못 만드네." 일단 시작하고 중간에 쉬거나 그만두는 나를 보고 남편은 웃으며 놀려댄다. 비록 내 것은 되지 못하더라도 나이가 든 후에 열어서 사용할 수 있는 '취미의 서랍'이 많다는 것은 내일의 내 마음속 '안심과 행복'으로 이어진다.

50에
서울대에 합격한들
무슨 의미가 있으랴

50부터는 지금까지의 경험을 바탕으로 노후에 할 일을 향해 도움닫기를 시작할 때다. 시간이 생겼다고 해서 무엇이든 시작하기만 하면 되는 것은 아니다. 예를 들어 50대에 서울대학교에 합격했다고 치자. 거기에 장학금까지 받았다고 가정해보자. 무언가 사회에 보탬이 되고 싶다는 목적이 있다면 괜찮다. 하지만 그저 '합격'이나 '배움'만이 목적이라면…? 매스컴은 당신을 꽤나 인상적인 흥밋거리로 만들어 떠들썩하게 다룰 것이다. 하지만 그 일이 인생 후반부에 얼마나 의미 있는 일이지 곰곰이 생각해야 한다.

아무나 흉내 낼 수 없는 그 에너지와 집념은 감탄할 만하다. 자기 돈으로 공부한다면 몰라도 귀중한 세금을 써가며 자기만족만을 위해 본격적으로 공부해 보겠다는 것은 주위 사람이나 젊은이들에게 크나큰 당혹감을 주고 민폐를 끼치는 일이다. 그런데도 본격적으로 공부하고 싶다면 자비를 들이는 편을 택해야 한다.

저널리스트였던 지인은 쉰여덟 살 때부터 공립대학의 사회인 대상 공개강좌에서 동물학을 배우고 있다. 듣자 하니 사회인을 대상으로 하는 코스는 강좌별로 수업료를 지불하는 구조여서 대학의 귀중한 재원이라고 한다. '수강료가 너무 비싸!', '숙제 때문에 큰일이야!' 하며 투덜거리면서도 젊은이들 사이에 끼어 즐겁게 다니고 있는 듯하다. 그녀는 얼마 전에는 신문사에서 의뢰를 받아 지금까지의 경험을 살려 자신의 배움 체험기에 관한 기고문을 쓰기도 했다. 그녀의 앞을 향해 나아가는 삶의 방식에 그 즉시 '갈채를 보내는 메일'을 보냈다.

과일에도, 학문에도 그때 아니면 맛볼 수 없는 '때'가 있다. 과일도, 학문도 싱싱한 젊음이 생명이다. 무언가에 내쫓

기듯 맹렬히 사는 삶은 젊은이들에게 맡기고, 50부터는 세상 사람들을 위해 지금까지 자신이 쌓아온 경험을 살릴 방법을 생각해보면 어떨까? 그편이 후배들에게 삶의 본보기가 될 수 있다.

물론 인간에게는 죽을 때까지 새로운 지식을 습득하기 위한 공부와 도전이 중요하다. 노년에 큰 업적을 거머쥔 사람들도 물론 있다. 수백만 명의 팔로워를 보유한 노년의 인플루언서가 있고, 히말라야 등반에 성공한 사람도 있다. 지금까지의 경험을 바탕으로 끊임없이 노력하며 기록을 경신해나가는 모습들은 사람들에게 용기와 감동을 준다.

이런 생기 넘치는 고령자를 보면 왠지 모르게 보는 사람까지 '아직 괜찮아!' 하며 마음이 들썩이고 살아갈 용기가 생겨난다. 경험을 살려 무슨 일에 도전할지는 여러분 마음에 달려 있다.

50부터는
무모한 도전은
하지 않는다

아침에 신문 읽는 것을 즐긴다. 커피 한 잔을 아껴 마시며 천천히 종이를 넘기며 세상 이야기를 들여다보는 것은 소소한 삶의 즐거움 중 하나다. 인생 상담란의 한 이야기가 눈에 들어왔다. '지금 하는 일을 그만두고 예전부터 꿈꿔온 만화가가 되고 싶은데 가족들이 맹렬히 반대한다. 어떻게 하면 좋을지 모르겠다'라며 고민하는 50대 가장 남성의 이야기가 실려 있었다.

안타깝게도 사람들이 어떤 답변을 달았는지 읽을 기회는

놓치고 말았다. 만약 나라면 '고민할 필요 없다'라고 대답하겠다. 20~30대라면 몰라도 50대가 되어 회사를 그만두고 갑자기 만화가가 되어야 할 필요성이 도대체 어디에 있겠는가? 젊은 시절 품었던 꿈을 도저히 포기하지 못하겠다면 즐기는 마음으로, 취미 삼아 만화를 그리면 된다. 그러면 아무도 반대하지 않을 것이다.

50대에 들어서 경제적 기반을 보장하지 못하는 모험은 무모하다. 일흔이 넘은 나이에 유명 문학상을 탄 여성의 뉴스를 보고 '나도 아직 할 수 있다'라며 희망을 품은 사람도 있을 것이다. 그녀는 젊은 시절부터 소설 이외의 다른 일로 생활할 양식을 벌어가며 꾸준히 소설을 써왔다. '일흔다섯 살의 나이에 이루어낸 쾌거!'라는 매스컴의 보도만 보면 분명 멋지고 놀랄 만한 일이다. 하지만 그녀의 쾌거는 하루아침에 이루어진 것이 아니다. 그 상은 생업을 놓지 않고 자기 삶을 공고하게 지키며 글쓰기를 놓지 않은 결기와 끈기의 결실이다.

50대에 갑자기 새로운 꿈에 도전하고, 여기에 너무 큰 기대를 걸어서는 안 된다. 만약 재능이 있었다면 이미 그 방면에서 싹을 틔웠을 테니 말이다. '나이에 걸맞게'라는 말처럼

50세가 되면 어른으로서의 분별력도 갖추어야 한다.

인생 후반부의 배움이나 학문은 누구에게도 폐를 끼치지 않는 중용적인 도전이어야 한다. 다시 말해 즐기는 마음으로, 편안하게 젊은 시절의 꿈을 실현해 나가는 편이 좋다는 말이다. 도저히 꿈을 못 버리겠다는 집착은 깨끗이 버려야 한다. 더는 미혹한 것이 없고, 하늘의 뜻이 무엇인지 아는 나이가 50이 아니었던가.

마음청소는
다시 오지 않을
지금을 즐기는 최고의 수단

세월은 화살과도 같다. 진부한 비유지만 그게 또 사실이다. 나이가 들면 시간이 상대적으로 더 빨리 흐른다. 물건들이 빠르게 넘쳐나고 시간이 몇 배는 빠르게 흘러가는 요즘, 세상의 흐름과 움직임에 현기증이 날 정도다.

평균수명이 늘었다고는 하지만, 50대에 들어서면 앞으로 남은 인생은 고작해야 30년 남짓일 것이다. 지금까지의 30년과 비교했을 때 아마 눈 깜짝할 사이에 인생의 끝이 찾아오겠지. 그렇기에 더욱 지금, 이 순간을 소중히 여기며 살아가는 데 온 마음을 다해야 한다.

아침에 일어나 오늘 날씨가 어떤지 신경을 쓰고, 산책하다 발견한 풀꽃에 관심을 두고, 가끔은 잠시 멈춰 서서 내가 사는 동네를 바라보고, 밤하늘에 반짝이는 별을 세어본다. 하루하루 아무렇지 않게 하던 행동에 약간의 정성을 담으면 마음이 풍요로워진다. 하루하루를 지금까지보다 더 길게, 차분히, 정성을 담아 바라보니 젊었을 때는 깨닫지 못했던 인생의 즐거움과 그 가치가 마음을 울린다.

내 취미 중 하나는 천체관측이다. 별을 관측하는 것이 거창하고 전문적인 수준은 아니고 숲속 집에서 지내는 여름날 저녁에 별이 뜬 하늘을 바라보며 즐기는 정도다. 50대 초반 생일날 받고 싶은 선물을 묻는 가족들의 질문에 그 즉시 '천체망원경!'이라고 대답했고, 그렇게 소원하던 나만의 천체망원경을 갖게 되었다.

초등학생 시절 부모님께 몇 년 동안 조르고 졸라 겨우겨우 장난감 천체망원경을 선물 받은 이래 줄곧 진짜 천체망원경을 갖는 것이 꿈이었다. 요즘에는 값비싼 보석이나 명품 가방, 옷에 흥미가 없어져 윈도쇼핑만으로도 충분하다. 입고 꾸미기보다는 마음이 즐거운 일을 하고 싶다.

물건은 오래 쓰다 보면 빛이 바래거나 망가져 못 쓰게 되지만, 즐거운 취미는 몸이 건강하고 목숨이 붙어 있는 한 계속 즐길 수 있다. 천체망원경을 처음 손에 넣었을 때가 수십 년에 한 번 있을까 말까 하다는, 별똥별이 무수히 많이 떨어진 해였다. 떨어지는 별똥별을 발견하고는 '와, 와!' 소리를 지르며 숲속에서 몇 시간이나 아이처럼 흥분했더랬다. 남편은 '싸게 치여 다행'이라며 쓴웃음을 지었지만, 내 마음속에서는 보석 이상으로 반짝반짝 빛나는 선물이었다.

인생 후반부를 사는 지금, 무한한 우주에는 아직도 밝혀지지 않은 크나큰, 인류의 지식을 뛰어넘는 그 무언가가 존재하고 있을 것만 같다. 얼마 전에도 극한의 러시아 도시에 거대한 운석이 불타오르며 떨어져 많은 부상자가 발생했다. 현재 인류가 가진 과학의 힘으로는 언제, 어디에서 날아올지 정확히 예측할 수 없다고 한다.

이런 불가사의한 우주에 빛나는, 하물며 몇만 광년이나 멀리 떨어진 곳에 있는 무수히 많은 별을 보고 있자면 고민하고, 분해하고, 화내고, 슬퍼한 모든 일이 한심할 정도로 바보같이, 하찮게, 그리고 양귀비씨처럼 작게만 느껴진다.

살면서 느끼는 이기고 지는 감정 또한 무한대의 우주에

비하면 정말 아무 일도 아니다. 결국 우리 주변에 있는 모든 생명체가 다 같은 흙으로 돌아가니 말이다. 하물며 지구조차 어떻게 될지 알 수 없다. 가끔은 우주에 대해 생각하자. 광활한 우주와 비교해보면 너무나도 작고 짧은 인간의 삶이 마냥 소중하게 느껴지리라.

마음을
두루 살피려면
걷고, 메모하라

유럽 사람들은 걷는 일을 중요하게 생각하다. 또 영국인과
독일인은 산책을 유난히 좋아한다. 예전에 독일인 친구가
우스갯소리로 이런 말을 했다. "독일인은 생각하고 난 후에
걷고, 영국인은 생각하면서 걷지. 프랑스인은 뛰고 난 후에
생각해."

걷는 행위는 마음을 가장 잘 돌아보는 일이다. 또한 막연
하게 꼬여 있거나 실체가 불분명한 생각을 명료하게 만드는
생산적 행위이기도 하다. 가끔 고적한 숲길을 걸을 때면, 내

가 걷는 속도와 생각의 속도가 일치함을 발견한다. 작가이
자 역사가인 리베카 솔닛Rebecca Solnit은 《걷기의 인문학》에
서 걷기의 인류사적 가치를 주장하며 말했다. "세상을 두루
살피는 일은 마음을 두루 살피는 가장 좋은 방법이다. 세상
을 두루 살피려면 걸어 다녀야 하듯, 마음을 두루 살피려면
걸어 다녀야 한다."

산책을 너무나도 사랑하는 나는 '생각하면서, 메모하면서
걷는' 유형이다. 이때 문구점에서 파는 가로 7센티미터, 세
로 15센티미터의 작은 노트를 애용한다. 작은 연필을 끼워
놓은 노트를 항상 들고 다니며 언제, 어디서나 신경 쓰이는
일 등을 기록한다. 이렇게 노트에 기록하는 것은 50대 이후
에 들인 습관이다.

그전까지만 해도 엄청나게 큰 비즈니스 수첩을 들고 거리
를 활보했다. 거대한 수첩은 가방에 넣으면 부피를 차지하
는 데다 쓸데없이 많은 정보에 현혹되기 쉬워 이제는 과감
하게 데일리 스케줄 수첩과 작은 노트로 나누어 사용한다.

덕분에 머릿속이 훨씬 깔끔해지고 마음도 가벼워졌다. 이
유는 모르겠지만, 노트에 메모하기 시작한 이후 사물을 관
찰하는 능력이 높아진 것 같다. 여행지에서 만난 아름다운

풍경은 마음속에 저장한다. 소리로 들은 내용은 적어서 기억해야 뇌가 활성화된다고 한다.

잘 자고
잘 먹으면
큰 병이 오지 않는다

잠은 놀라운 치유 능력이 있다. 불면증에 시달리는 지인이 고생하는 것을 보면 안타까울 뿐이다. 불면증은 현대인의 건강을 위협하는 가장 큰 적이라 했던가.

　나는 푹 잠드는 타입이다. 너무 푹 잠이 들어서 한번 잠들면 쉽게 깨지 않는 것이 문제라면 문제인 타입이다. 얼마 전 이른 아침에 지진이 일어났더랬다. 나는 지진이 난지도 모르고 곤히 잠을 자고 있었다. 혹여 낮에 몸을 많이 움직인 날은 더 푹 잠드는 것 같다.

이런 나이기에 남편에게 늘 당부한다. 일단 '무슨 일이 있으면 꼭 깨워 달라'고. 하지만 만일의 사태가 일어났을 때 부부라고는 해도 타인인 남편이 과연 곤히 잠든 나를 깨울 수 있을까 싶긴 하다. 늘 마음의 각오는 해두고 산다.

혹시 이 글을 읽고 있는 당신이 불면증에 시달리고 있을지 모르니, 지인들도 자주 묻곤 하는 내 수면 방법을 공유한다. 나는 잠자기 두 시간 전부터는 되도록 무언가를 먹거나 마시지 않으려고 노력한다. 와인을 좋아하지만 잠들기 전에 술을 마시면 오히려 숙면을 방해한다. 피곤할 때도 저녁 식사 후 한 시간 이내에만 와인을 마시기로 원칙을 세웠다.

사업체를 운영하는 나는 항상 긴장을 놓지 않는 편이다. 퇴근하고 집으로 돌아와도 긴장한 신경은 쉽게 이완되지 않는다. 이럴 때 나는 신경을 풀어주기 위해 캐모마일 허브차나 따뜻한 우유를 마신다. 배가 출출하다 싶으면 아몬드 열 개, 비스킷 두세 개를 집어먹는다. 부담스러운 야식을 먹거나 과식하지 않는 습관이 숙면으로 이어지는 데 영향을 미친다고 생각한다. 또 추리 소설을 세 페이지 정도 읽다 보면 어느새 잠이 몰려온다.

잘 자고 잘 먹으면 큰 병이 오지 않는다. 음식은 우리의 정신과 육체를 이어주고, 우리의 몸을 지구와 연결한다. 그래서 '음식'이라는 단어는 '생명'을 의미한다. 오늘 먹은 음식은 3일 후, 일주일 후, 10년 후 여러분의 세포 60조 개를 만든다.

인스턴트 식품을 먹고 외식을 많이 하면 고열량, 고염분 상태에 빠지고, 신선한 채소와 과일, 단백질을 충분히 섭취하지 못해 비타민이나 미네랄이 부족해지기에 십상이다. 면역력을 키우고 피부 트러블이나 어깨 결림, 요통, 골다공증, 우울증 등을 방지하기 위해서도 균형 잡힌 식생활이 중요하다. 균형 잡힌 식생활은 신체뿐 아니라 마음에도 좋은 영향을 준다는 연구 자료도 있다.

나는 맛있는 음식을 너무나도 좋아한다. 먹는다는 행위는 그 자체로 행복감을 준다. 맛있는 식사만큼 몸을 건강하게 만들어주는 것도 없다고 믿는다. 하지만 쉰 살 이후로는 신경질적이 되지 않을 만큼만 소량의 음식을 섭취한다. 내 입에 넣는 음식 자체에 주의를 기울이고 있다. '맛있게 먹기'에 '건강하게 먹기'가 추가된 셈이다.

가끔은 유명 레스토랑에서 식사를 즐기지만 매일 아침은 꼭 만들어 먹는다. 아침을 만드는 데 투자하는 시간은 15분 정도로 정했다. 된장국과 밥, 생선, 채소 중심의 간단한 식단인데, 여기에 직접 만든 조림을 곁들이거나 된장국에 들어가는 재료에 변화를 주곤 한다.

다량의 신선한 채소, 지방분이 적은 고기, 작은 생선이나 등 푸른 생선 등의 생선류, 콩류나 발효식품 등이 들어간 균형 잡힌 식사를 지향하고, 예전보다는 조금 적게 섭취하기 위해 노력한다. 그리고 일주일에 두 번 정도 한 잔의 레드와인을 즐긴다. 식단을 조절하면 자기 자신을 위해 무언가 하고 있다는 생각에 자부심이 생긴다.

깨끗한 방은
쾌적함을,
건강한 마음은 행복을 준다

나는 혼잣말을 자주 뱉는 편이다. 산책길에 탐스럽게 핀 붉은 장미를 만났을 때, 우주의 신비가 집약된 듯한 별자리를 찾았을 때, 나는 그때그때 떠오르는 감정을 언어로 만들어 입 밖으로 내뱉는 편이다.

특히 고생해서 한 가지 일을 마쳤을 때 나는 '됐다, 됐어!' 하며 큰소리로 외친다. 처음에 주위 사람들은 '무슨 일이야?' 하며 놀라곤 한다. 하지만 곧 내 전신에서 뿜어져 나오는 '성취감'의 기쁨을 보고는 주위 분위기도 밝아진다. 인생의 크고 작은 일들, 예를 들어 '슈크림이 부풀어 올랐어!', '파스타가 유명 레스토랑보다 더 맛있게 됐어!', '새로운 프로젝트에 성공했어!' 등 하루를 보내며 겪을 수 있는 무슨 일이든 감격의 대상이 된다.

나는 어떤 한 가지 일에 집중하여 목표를 달성했을 때 온몸과 마음을 다해 감격하고, 주위 사람들까지 그 감격으로 끌어들인다. 이렇게 툭하면 감격하는 할머니를 사람들은 도저히 미워할 수 없다. 나는 사랑스럽고 건강한 에너지를 가진 사람으로 늙고 싶다. 주위 분위기까지 밝게 만드는 사람이 되고 싶다.

매일 아침 자전거를 타고 씩씩하게 우리 집 앞을 지나가는 일흔여덟 살의 할아버지가 있다.

어느 날 "건강하시네요. 근데 연세가 어떻게 되세요?" 할아버지께 말을 건넸고, 일흔여덟이라는 할아버지의 연세를 알게 되었다. '자전거 정리 감시원'이라고 적힌 어깨띠를 둘러맨 할아버지의 모습은 정말 건강 그 자체다.

할아버지는 매일 아침과 점심에 한 시간씩, 시급 만 원을 받고, 방치된 자전거가 있는지 없는지 확인하며 돌아다니신다. '몸을 움직일 수 있는 계기가 되었으면' 하는 마음에 벌

써 10년 가까이 그 일을 하고 계신다고 했다. 한 달이면 약 10만 원 정도를 모을 수 있지만 적은 돈일지라도 '손자 손녀들에게 용돈 좀 주고 좋아하는 커피를 사 마시기에는 충분힌 돈'이라며 즐거워하셨다.

　나이 들어 방에만 틀어박혀 있는 노인이 되지 않으려면, 또 건강과 활력을 유지하기 위해서라도 하루하루 생활 속에서 조금이나마 몸을 움직여야 한다. 매일 아침 창문을 열고 신선한 공기를 느끼며 온몸으로 심호흡하는 것도 좋다. 공기가 흐르는 방에는 먼지가 쌓이기 어렵다. 또 몸 안에 신선한 공기를 받아들이면 무언가 해보겠다는 에너지가 생겨난다. 깨끗한 방은 쾌적함을, 건강한 마음은 행복을 선사한다. 그야말로 일거양득이 아닌가!

돈과 시간을
들이지 않고
운동하는 비법

요즘 동네 공원이나 공지에 모여 하는 체조가 붐이다. 일찍 일어나야 하는 것은 그렇다 치더라도 단체행동이 서툴기만 한 나는 나이가 들어서도 할 수 있는, 나만의 방법으로 몸을 움직일 생각이다. 몸을 움직이면 신경세포와 뇌세포를 움직이게 만드는 뇌 속 펩타이드의 작용이 활발해져 기분이 상쾌해진다.

휴일에 집에서 일할 때도 반드시 근처 편의점에라도 기분 전환 겸 외출을 잊지 않는다. '요구르트를 사고 젊은 친구들

옆에 서서 주간지를 읽는다.' 이것이 평소 내 행동 패턴이다. 이 정도는 나이가 아무리 들어도 할 수 있겠지 생각한다. 몸을 계속 움직이는 일은 몸과 마음을 젊게 유지하는 데 중요하다.

나는 쉰다섯 살 생일을 계기로 일주일에 세 번씩 피트니스 센터에 다니기 시작했다. 일주일에 세 번, 두 시간 정도 운동하기로 정했지만, 가끔은 게으름을 부려도 괜찮다고 생각하기로 했다. 모처럼 시작한 운동이 스트레스로 느껴지지 않도록 말이다.

훈련도 너무 힘들지 않게, 천천히 운동하며 근육을 늘려주거나 몸을 움직여주는 의식 정도로 받아들인다. 마음이 내키면 수영장에도 간다. 이 또한 어디까지나 천천히 몸을 움직이며 즐긴다는 느낌으로 한다. 또 굳이 피트니스 센터에 가지 않아도 일상생활 속에서도 충분히 운동할 수 있다.

돈도 들지 않고 무언가 다른 행동을 하는 김에 하면 되기 때문에 내 딴에는 '~하면서 하는 가사'가 아닌 '~하면서 하는 운동'이 꽤나 마음에 든다. 나의 '~하면서 하는 운동법'을 소개하겠다.

- 샤워를 마친 후 팔이나 몸을 크게 스트레칭하면서 물기를 닦아 준다. 상완근이나 등 부분을 의식하며 닦아주면 몸이 유연해지는 효과가 있다.
- 양말이나 속옷은 한 발씩 교대로 들어가며 벗는다. 물론 넘어지지 않도록 주의한다.
- 어떤 동작이 끝날 때마다 목이나 어깨를 돌린다.
- 주방 높은 곳에 있는 물건은 발돋움하면서, 낮은 곳에 있는 물건은 무릎 굽혔다 펴기를 하면서 꺼낸다.
- 통화는 제자리걸음을 하다가 한 발로 서서 한다.
- 아침에 일어나 신문을 가지러 갈 때마다 크게 발돋움을 해준다. '신문＝발돋움'을 몸으로 기억한다.
- 산책하러 나간다. 기분전환도 되고 다리와 허리의 근력도 단련된다. 어슬렁어슬렁 걷지 않고 조금 빠른 걸음으로 걷는다.
- 청소기를 돌리거나 유리창을 닦는 일은 '~하면서 하는 운동'에 가장 적합하다. 청소기를 돌리며 다리를 들었다 놨다 하고, 손을 높이 뻗쳐 유리창을 닦으면 손 근육이 단단해진다.

생활 속 '~하면서 하는 운동'은 가령 5분만 하더라도 효과가 있다고 믿어야 한다. 티끌 모아 태산이 되는 생활 습관이다. 무리하지 않고 즐기는 느낌으로 가늘고, 길게 지속하는 것이 관건이다. 지금부터 시작해도 늦지 않다. 나이가 들어도 몸의 근육은 사용하면 할수록 단련된다.

'그땐 그랬지'
'예전엔 좋았지'
마음속으로만 기억하기

나이가 들수록 추억은 늘어나는 법이다. 내 나이 30대에 20대의 추억은 그저 과거였을 뿐이고, 내 나이 40대에 20대와 30대의 추억은 가끔 머리를 스치긴 하지만 바쁜 현실에 치여 '망각 저편'의 존재였던 것 같다. 내 나이 쉰 살을 넘어서자 옛일들이 서서히 마음속에 되살아나더니 그립고도 그리운 추억으로 떠오르기 시작한 것 또한 사실이다.

학창시절 동급생 남자친구와 졸업하면 '도심 한복판에 있는 유명 커피 전문점에서 꼭 만나자'라며 시간과 장소까지 정했지만, 새로운 생활에 치여 까맣게 잊고 말았다. 그 약속을 다시 상기했을 때는 이미 몇 년이나 지난 후였다.

그 후 연락할 일도, 만날 일도 없었던 탓에 진지했던 그 친구가 과연 약속 장소에 나타났는지 확인하지도 못한 채 어느덧 60대에 들어서고 말았다. 순수하고 아름다웠던 그 친구는 약속한 그 날짜, 시간에, 장소에 왔을지도 모른다. 아니, 틀림없이 왔으리라 생각한다.

삶에 치여 그곳에 못 간 나 자신이 피해자처럼 느껴질 때가 있는가 하면 가해자처럼 느껴질 때도 있다. 청춘 시절 주고받은 아련한 약속이 빛바래기는커녕 나이가 들면 들수록 오히려 애틋한 러브스토리로 착색되고 변형되어 그립고, 미안한 추억으로 되살아난 것이다.

세상의 세파를 겪고, 이런저런 삶의 곡절 속에서 닳고 소모된 나는 나이 60을 넘겼다. 지금의 나에게는 두 번 다시 그런 순수한 일은 일어나지 않을 것이다. 그렇기에 젊은 날의 그 추억이 더욱 과장된 감성이 되는 건지도 모른다. 본래 추억이라는 것은 과거의 진실보다 아름다운 모습으로 변신하여 우리 마음에 달콤하고, 그리운 말을 걸어주는 존재인지도 모른다.

'그땐 그랬지', '예전엔 좋았지', '나 때는 말이야. 이것도 할 수 있고, 저것도 식은 죽 먹기였지', '내가 걸어가면 사람들이 다 뒤돌아봤어!'

혹시 이런 말들을 젊은이들에게 늘어놓고 있지 않은가? 옛날 사람의 과거 이야기는 그 이야기와 관계없는 사람의 귀에 그저 넋두리나 자랑거리로밖에 들리지 않는다. 처음에는 '그래서 뭐?' 싶다가도 결국에는 '또 시작이야' 하며 넌덜머리를 내고 만다.

나에게는 추억일지 몰라도 전혀 모르는 타인에게는, 하물며 나이 어린 젊은 친구들에게는 단순히 과거에 일어난 아무래도 상관없을, 지나가버린 타인의 사건에 불과하다. 추억은 가끔 자기 마음속으로 조용히 감상에 젖어 그리워해야 할 대상이지, 다른 사람에게 들려줄 이야기는 아니라고 스스로 다짐하고 조심하고 있다.

힘든 일은
혼자 끙끙대지 말고
남에게 맡겨라

인간의 삶은 유한하다. 바꿔말하며 시간은 무한하지 않다. 이 사실을 의식하기 시작하면 시간 감각이 완전히 바뀐다. 예컨대 지금 신고 있는 신발을 산 것이 바로 어제 일 같은데 어느새 몇 년이 흘러 버렸다는 사실을 깨닫고 시간이 흐르는 속도에 놀란다. 한정된 시간을 소중히 여기는 일이 얼마나 중요한지 새삼 깨닫는다.

여러분은 앞으로 몇 번 더 설날을 맞이할 거라 예상하는가? 지금 쉰 살이라면 아흔 살까지 산다고 치고 앞으로 40

번, 예순 살이라면 30번이다. 이렇게 새삼 숫자를 헤아려 보면 나에게 남은 시간을 피부로 느낄 수 있다.

시간이 얼마 남지 않았다고 비관할 필요는 없다. 남은 시간이 30년인 사람도, 40년인 사람도 모두 평등하게 언젠가는 제한시간을 맞이하게 되니 말이다. 유한한 인생이기에 하루하루를 더욱 마음 편하게, 즐겁게 보낼 수 있도록 노력해야 한다.

능숙한 시간 활용은 인생을 알차게 만들고 여유로운 마음과 생활을 약속한다. 일단은 지금 당장 눈앞에 있는 중요한 일에 착수하고 집중하는 것이 중요하다. 내가 시간의 주인이 되어 홀로 서야 할 시간이 바로 지금이다.

물론 인간은 홀로 살 수 없다. 인간은 죽음을 맞이하는 순간까지 관계 속에 있을 수밖에 없는 운명이다. 그 운명을 거스르자는 말이 아니다. 다만 50대 이후의 당신이 진정으로 당신 자신으로 살기 위해서는 타인에게 진정으로 무언가를 내어줄 수 있어야 하고, 자신을 완전히 내려놓고 타인에게 일임하는 능력도 갖추어야 한다는 것이다. 그러니까 타인과의 관계에서 서로가 서로에게 영향을 줄 수 있는 부분과 도움을 줄 수 있는 부분을 다시 한 번 고민해보자는 것이다.

다른 사람에게 '의지하다'와 '맡기다'는 그 의미가 다르다. 수동적으로 다른 사람에게 의지하는 것이 아니라 적극적으로 다른 사람에게 맡긴다는 발상이 필요하다. 전업주부로 살면서 남편을 비롯한 다른 사람에게 집안일을 맡겨본 적 없는 사람이라면 꼭 '맡기는 힘'을 갈고 닦아야 한다.

몸이 쇠약해져 자기 힘으로 집안일을 못 하게 되었을 때를 상상해보라. 해줬으면 하는 일이 잘 전달되지 않으면 부탁하는 쪽이나 부탁받는 쪽이나 지치고 짜증 나기는 마찬가지다. 서로 '말을 못 알아듣는다'라며 의사소통이 엇나가 좌절할지도 모른다. 평소 다른 사람에게 맡겨도 되는 일이나 장소를 정하고, 어떻게 그 방법을 전달할지 머릿속으로 정리해 두어야 한다.

예를 들어 욕실 청소를 '맡긴다'라고 치자. 청소의 프로라면 그냥 욕실을 믿고 맡기면 된다. 나중에 청소가 잘 마무리되었는지만 체크하면 된다. 하지만 청소 아마추어인 가족에게 맡긴다면 먼저 청소도구부터 지정해 전달해야 혼란이 없을 것이다. 그다음에는 욕조 안쪽과 바깥쪽, 바닥, 벽, 환풍기 등으로 장소를 나누어 청소를 요청한다.

여러분이 평소에 하듯 '닦거나', '광을 내는' 방법을 간단하게 전달한다. 그리고 완성도가 어떻든 절대 '불평하지 말고', '고맙다'는 말을 연발하자. 아무리 아마추어라도 누군가 청소한 곳은 아무것도 안 했을 때보다 조금은 깨끗해졌을 테니 말이다.

모든 일을 자기 혼자 짊어지고 가는 것은 현명하지 못하다. 이것도, 저것도 다 직접 해야 한다고 생각하다 보면 마음이 지치고 고갈된다. 아직 건강한 지금부터 가족이나 다른 사람에게 맡길 수 있는 부분은 '맡기는 힘'을 갈고 닦아야 한다. 다른 사람의 손을 잘 빌릴 수만 있다면 상상 그 이상으로 여러분의 몸과 마음의 부담이 가벼워진다.

50부터는
눈치 보지 말고
욕망을 해방하라

나를 가장 잘 아는 것은 나 자신이다. 살면서 눈치를 보느라, 다른 사람을 배려하느라 스스로 욕망하고 좋아하는 것을 자제하고 살다 보니 내가 원하는 것이 무엇인지 헷갈릴 뿐이다. 내 안의 목소리에 귀 기울여 내가 원하고 좋아하는 것을 존중해야 한다.

다른 사람에게 폐를 끼치지 않는 방법으로 자기 마음에 큰 기쁨을 주자. 하늘을 좋아하는 나는 하루에 한 번은 꼭 하늘을 올려다보며 크게 심호흡한다. 아무것도 아닌 듯하지만, 그것만으로도 스트레스가 꽤 많이 풀리는 느낌이 든다. 마음이 지치거나 '왠지 기운이 없네' 싶을 때는 마음이 즐거워할 일을 생각하자.

시간과 주제를 정해 놓고 텔레비전이나 영화를 보는 것도 좋다. 물론 한없이 텔레비전을 본다면 건강에도 안 좋고 절대적인 시간 낭비다. 그러나 목적과 의지를 가지고 비주얼 매체를 보는 것은 엄연한 문화생활이다. 요즘 나는 '현실에는 절대 있을 수 없는 일'이라며 지금까지 관심을 두지 않았던 러브스토리나 희극을 보며 호들갑스럽게 울고 웃는다.

울거나 웃는 데는 스트레스 해소 효과가 있고, 특히 웃음의 경우 '웃는 척'만 해도 기분이 좋아질 수 있다는 연구결과도 있다. 특히 웃을 때는 호탕하게 큰소리로 웃는다. 그러면 기분이 좋아져 '흐린 후 맑음' 상태가 된다.

소리를 내는 일도 건강에 매우 좋다고 한다. 이렇게 하면 힘이 되살아나 '자, 그럼 멋지게 차려입고 나가볼까?' 하는 의지가 생기니 신기할 노릇이다.

해외 드라마를 보면 식사하는 장면이나 냉장고 안을 봐도 각 나라의 생활 습관을 알 수 있어 교양의 수준을 높일 수 있다. 드라마에 등장하는 여성들의 패션 감각이나 스타일링은

보기만 해도 넋이 나갈 지경이다. 배우들 뒤에는 최고의 스타일리스트들이 있을 테니 참고할 만한 가치가 있다.

얼마 전 겨울 반액 세일에서 소매에 가짜 타조 털이 달린 검은색 원피스를 발견하고는 아무 망설임 없이 사고 말았다! 뉴욕 거리를 힘차고, 우아하게 활보하던 '사랑이 끊일 날이 없던' 여주인공. 그녀가 입고 있던 원피스와 똑같았기 때문이다.

현실에서 입기는 좀 그런가? 하면서도 마음만은 마치 젊고 아름다운 여주인공이 된 것처럼 나도 모르게 원피스를 기어이 구매했다. 가끔은 이런 충동 구매도 마음의 영양제가 되는 듯하다. 결국 급하게 오래된 옷 두 벌을 처분해야 해서 수고스럽기는 했다.

마음이 기뻐 널뛰는, 그런 심정적 공황 상태도 가끔은 삶에 활력을 준다. 남의 시선 따위 신경 쓰지 않고 그 젊어 보이는 원피스를 입고 길을 걷노라면 마치 새가 된 것처럼 마음이 둥실둥실 춤을 추는 것 같다. 보이는 모습은 이렇다고 해도 마음만은 20대 시절로 타임슬립한 듯한 느낌이다! 언제까지고 젊고, 세련되게! 그러려면 마음이 기뻐할 일을 '앞으로도 계속 찾아내는 거야!' 하는 마음가짐이 중요하다.

스타벅스든 어디든
나만의 아지트에서
마음청소하라

겨울철에 산책하러 나갔다가 따뜻한 커피로 몸을 녹이고 싶어 스타벅스에 들어갔다. 휴일 이른 아침인 탓인지 항상 젊은이들로 붐비던 가게 안이 손님도 드문드문하고 조용했다. 문득 80대 정도로 보이는 백발의 할머니가 혼자서, 느긋이 마치 음미하듯 카페라테를 마시는 모습이 눈에 띄었다. 그모습이 너무나 우아했다.

독일에서도 강이나 호수 주변 카페 테라스에 홀로 앉아 여유롭게 커피를 즐기는 어르신들을 많이 봤다. 나이가 들면 마음이 안정되는 자신만의 특별한 장소를 찾게 되는 것일까?

젊을 때는 번화가의 소란 속에서도 그 나름 마음이 편했다. 하지만 역시 나이가 들면 들수록 혼자서 조용히 사색에 잠기거나 책을 읽을 수 있는 '마음의 은신처'가 필요하다. 여유가 된다면 숲속 오두막이나 바닷가의 집도 이상적이다.

마음만 먹으면 지금 당장 쉽게 찾을 수 있는 장소도 있다. 집 근처 공원, 공공도서관, 미술관, 호텔 로비, 오픈 카페 등 조용하고 마음 편한, 오래 앉아 있을 수 있는 장소를 찾아 놓는다면 언제든지 자신만의 은신처로 이용할 수 있다. 책을 읽거나, 레이스 뜨개질을 하거나, 오가는 사람들을 바라보거나, 아무것도 하지 않고 그냥 멍하니 있거나. 어디든 혼자 있을 수 있는 장소가 있으면 마음이 상쾌해진다.

자연을 너무나 좋아하는 나는 일부러 시간을 내어 바다나 산으로 떠나곤 한다. 자동차로 약 두 시간 남짓한 거리, 전차로도 세 시간이면 충분하다. 바다도, 산도 몇 번이나 가본 적이 있는, 마음에 쏙 드는 나만의 은신처다.

이미 익숙해져 편해진 장소기 때문에 전차 시각이나 순서 등을 이리저리 찾는 수고도 들지 않는다. 헤매거나 잘못 찾아가는 일도 없어 더 나이가 들어서도 안심하고 찾아갈 수 있는 나만의 은신처에서 혼자서, 혼자만의 놀이를 한다. 자기 자신을 위해 느긋이 시간을 보내는 일은 마음에 줄 수 있는 최고의 선물이라고 생각한다.

50부터는
초대하고, 초대받고,
사랑하라

집에 누군가를 초대하는 데 집의 넓고 좁음은 아무 상관이 없다. 항상 무리하지 않고 자연스럽게 손님을 맞을 수 있느냐 없느냐는 마음의 문제다. '차라도 한 잔 마시고 가' 하며 언제든, 가벼운 마음으로 손님을 초대하는 생활 습관을 들이길 바란다.

얼마 전 신문 사이에 고급 노인시설 전단이 끼워져 있는 것을 보았다. '남의 뒷담화를 좋아하시는 분은 사절입니다' 라고 적힌 입주조건을 보고 나도 모르게 웃음을 터트리고 말았다. 남의 뒷담화와 잡담을 구분하지 못해 시설 내에 혼란을 불러일으키는 어르신들이 많아지기라도 한 것일까?

그런 곤란한 할머니가 되지 않으려면 지금부터라도 다른 사람과 함께 지내는 방법을 훈련해 둘 필요가 있을 듯하다. 이를 위해 남을 초대하고, 남에게 초대받는 예의범절을 배우는 일부터 시작해보자.

이제껏 남을 초대하는 일이 서툴렀던 사람도 약간의 아이디어로 '손님 접대의 달인'이 될 수 있다. 나는 나 나름의 '접대 세트'를 마련했다. 작은 쟁반에 찻잔과 찻잔 받침, 여기에 과자를 담아 놓을 접시를 세팅해 놓은 아주 간단한 나만의 접대 세트다. 호불호 없이 누구나 좋아하는 차의 경우 타이밍을 살펴 물을 끓여주기만 하면 된다. 급하게 손님용 컵 등을 준비하려면 마음마저 피곤한데, 이렇게 준비하면 안심할 수 있다.

독일에 살 때 이웃 사람이나 친구들에게 자주 초대를 받곤 했다. 마음에 안식을 주는 청결한 방에는 커피와 홍차 포트가 놓인 쟁반이 있고, 그 옆에는 케이크나 비스킷이 준비되어 있었다. 독일인끼리 있을 때는 커피만 마시겠지만, 동양인인 나를 배려하기 위해 '홍차'를 준비했다는 것을 금세 알 수 있었다.

그리고는 '커피? 아니면 홍차?' 하고 물어볼 뿐이다. 독일식 '접대 기본 세트'만 있으면 쉽게, 마음의 부담 없이 손님을 초대할 수 있다. 나만의 '접대 세트'도 바로 이 독일식 우아한 접대방식에서 가져온 것이다.

이렇듯 자기 나름의 패턴을 만들어 두면 '이것도 내놓고, 저것도 내놓아야 하는데' 하며 우왕좌왕하지 않아도 된다. 마음이 가벼워지고 손님을 초대하는 일이 즐거워진다. 방과 물을 자주 쓰는 장소는 언제든 손님을 맞이할 수 있도록 청결하게 유지한다. 손님이 오면 방이 깨끗해지고, 그 사람과의 유대감도 더 깊어진다.

누군가에게 초대받았을 때의 원칙도 미리 정한다. 초대받았을 때는 약속 시간을 5분 정도 넘겨서 방문하는 것이 가장 좋다. 너무 일찍 도착하면 상대방이 준비 중일 수도 있다. 내 경험으로 이야기하자면, 오기로 한 사람이 '일찍 도착했다'라며 한 시간이나 빨리 '딩동' 하고 벨을 눌렀을 때 제일 많이 놀랐다. 준비가 아니라 다른 중요한 일을 하고 있었기 때문이다.

초대용 선물은 꽃꽂이용 꽃이나 초콜릿으로 정했다. 화분의 경우 사람에 따라서는 나중에 관리하기 힘들어할 수도 있기 때문이다. 초콜릿은 오래 보관할 수 있고, 하나만 먹어도 에너지가 생기는 장수 음식이다.

상대방이 권유해도 머무르는 시간은 최대 두 시간으로 하고 오래 머무르지 않는다. 그날이 다 가기 전에 친한 친구에게는 메일로, 손윗사람에게는 전화로 감사 인사를 전한다.

또 차를 마시면서 나누는 대화의 주제는 서로 아는 사람과 관련한 소문 등이 아닌, 되도록 폭넓은 분야의 긍정적인 이야기가 무난하다. '따뜻하게, 아무렇지 않게, 간단하게.' 손님을 대접할 때 가져야 할 공통적인 마음가짐이다.

이렇듯 독일에 살면서 배운 '남을 초대하는 방법, 남에게 초대받는 방법'의 지혜는 나만의 방식과 어우러져 내 마음을 어루만지고 기분을 전환하는 생활의 일부가 되었다.

비교하지 않고,
신경 쓰지 않고,
경쟁하지 않는다

'비교하지 않고', '신경 쓰지 않고', '경쟁하지 않는' 사람은 마음이 평온하고 행복하다. 만약 여러분이 지금까지의 인생을 '나는 왜 항상 불행할까?', '왜 항상 잘 안 되는 거지?'라고 생각하고 살아왔다면 앞으로의 인생 또한 똑같이 한탄하며 살아갈 것이다.

남과 비교하기 때문에 부러움이나 질투 등의 감정이 생겨나는 것이다. 인생을 살면서 겪는 일들을 남과 비교하며 일희일비하는 성격을 지금 당장 고치지 않는다면 마음의 안정과 평화는 영원히 얻을 수 없다.

만약 여러분이 무인도에서 혼자 산다면 당신과 비교할 대상은 아무도 없다. 자기 자신만 바라보며 살아가야 한다. 질투와 부러움의 감정과는 인연이 없는, 평온한 삶을 살 수 있다. 가끔은 '무인도 주민'이 되어 보자. 마음의 평안을 유지하는 데 도움이 된다.

내가 독일에서 쾌적하게 살 수 있었던 이유는 이웃 주민들의 긍정적 개인주의가 마음 편했기 때문이다. 앞에서도 이야기했듯, 나는 집주인에게 '유리창이 더럽다!'라는 이유로 혼이 났다. 이처럼 독일인은 이웃집 창가나 발코니, 정원 잔디까지 깐깐하게 확인한다. 하지만 집안 가구나 소지품에는 관심이 없다.

독일인들은 물건에 대한 취향이 확실하고 자기 삶의 방식, 즉 라이프 스타일이 확고해 다른 사람의 삶의 방식이나 소지품을 부러워하지 않는다. '나는 나, 남은 남'이라는 사고방식이 철저하다.

그들은 '곤란한 일 있으면 언제든 이야기해요'라는 말을 자주 한다. 이 말에서 알 수 있듯 다른 사람에게 무언가 부탁을 받으면 독일인들은 언제나 친절하게 도와준다.

사람이 열 명 있으면 열 개의 서로 다른 삶의 방식과 인생이 존재한다. '어떻게 하고 싶은가?' '어떻게 생각하는가?' 항상 자기 자신에게 질문하는 습관을 들이도록 하자. 이제는 남의 눈치를 그만 볼 때다. 그러면 자기 나름의 고유한 라이프 스타일을 발견할 수 있고, 남의 일이 그다지 크게 신경 쓰이지 않는다.

　그렇다고 '다른 사람은 어떻게 되든 상관없다'라는 말은 아니다. 인간은 사회적 동물이고, 성숙한 인간일수록 타인과의 관계를 쉽게 저버리지 않는다. 적당한 거리를 유지하며, 간섭하지 않으면서도 상대방을 배려하고 염려하는 자세가 필요하다.

상대방에게
너무 큰 기대 걸지 않으면
편안해진다

서로 다른 성장배경을 가진 남녀가 만나 수십 년을 부부로 살다 보면, 남성과 여성 사이에는 도저히 메울 수 없는 깊은 골이 있다는 사실을 절감하게 된다. 심리학자 존 그레이John Gray는 '본래 남성은 화성에서 왔고 여성은 금성에서 왔다. 그래, 그렇게 생각하도록 하자'라고 말했다.

과연 그렇다. 우리 집에서도 '화성인과 금성인'이 자주 어긋난다. 이쪽은 대화의 물꼬를 터볼 요량으로 세상 돌아가는 이야기를 하는데, 상대방은 그 내용에 일일이 반응하며 구체적인 해결책을 고민하기 시작한다.

"그렇게 심각한 건 아니야."

"그럼 뭐 하러 얘기했어?"

그 순간 두 사람 사이에는 어색한 공기가 생긴다. '마음 편하게 이야기할 수 없다'라는 아내. '기껏 진지하게 고민했더니 타박한다'라는 남편. 오랜 세월 동안 이러한 차이가 무수히 많은 오해를 낳고, 그 결과 파트너와의 관계가 끝나버리거나 삐걱거릴 때도 있다. 여성은 자신이 곤란을 겪었던 일을 이야기하며 대화의 실마리를 찾고자 한다. 남성은 곤란한 일이 있으면 직접 해결하려고 한다.

다시 말해 남성은 구체적으로 이야기하는 데는 능숙하지만 '글쎄, 옆집 아줌마가 넘어졌대'와 같은 일상적인 잡담에는 서툴다. 반면 여성은 '글쎄 말이야, 내 말 좀 들어 봐. 우리 집 포치(강아지)가 말이지' 등과 같은 실없는 이야기로 커피 한 잔을 앞에 두고 두 시간 정도는 너끈히 보낼 수 있다. 이러한 차이를 잘 이해하는 일이 원만한 부부생활의 비결이 아닐까 싶다.

얼마 전 텔레비전 프로그램에서 진행자가 결혼생활 30년차와 40년 차 부부에게 물었다.

"부부생활을 지속할 수 있었던 비결이 뭔가요?"

"우리 부부는 대화를 많이 나눠요. 대화가 부부생활에서 가장 중요하지요."

30년 차 부부가 말했다. 이어 40년 차 부부가 말했다.

"인내라고 생각합니다. 인내 없이 이제 막 성인이 된 젊은 남녀가 만나 어떻게 40년을 함께 할 수 있었겠어요."

자주 대화할 기회가 있으면 서로의 생각이나 기분을 잘 이해할 수 있고, 인내하다 보면 서로의 새로운 면도 발견할 수 있지 않을까? 어차피 결혼생활이란 화성인과 금성인의 동거라는 사실을 잊지 말아야 한다.

앞으로 얼마 남지 않은 인생의 나날들을 잘 헤쳐나가려면 상대방에게 너무 큰 기대를 걸지 않고, 무슨 일이든 '그랬구나', '맞아, 맞아' 하며 이야기를 주고받을 수 있는 '인내'와 '포기'가 필요하다는 사실을 깨닫는 것이 정말 중요할지 모른다.

상대에게
집안일을 맡기는 데엔
요령이 있지

요즘 20대 여성들은 남성에게 '경제력'뿐 아니라 '가사 능력'을 요구한다고 한다. 청소를 못 하는 여성은 '청소 잘하는 남성'을, 요리하기 싫어하는 여성은 '맛있는 밥을 지어줄 남성'을 이상형으로 꼽는다고 한다.

같이 돈을 벌어도 여성에게만 집안일과 육아가 강요되던 우리 세대와는 다르게 세상이 조금씩 변하고 있다. 그 수는 적지만, 남성도 육아휴직을 낼 수 있는 지방자치단체나 기업도 생겨나고 있다.

전 세계 선진국 중에서도 여성의 사회진출이 상당히 늦어지고 있는 것이 우리나라의 현실이다. 똑같이 일하고도 여성에게만 집안일이나 육아의 부담이 집중되지 않는 사회를 만들기 위해서는 남성의 집안일 참여가 절대적으로 필요하다.

'요즘 애들은 좋겠어.' 얼마 전 우리 집에서 고등학교 친구들과 미니 동창회를 열었을 때의 일이다. 친구들은 부지런히 며느리 대신 청소기를 돌리고 창을 닦는 자기 아들들과 '집안일을 못 하는(안 하는) 자기 남편들'을 비교하며 다소 질투 섞인 목소리로 '부럽다!'를 연발했다.

나는 남성이 '집안일을 못 하는' 것이 나쁜 일은 아니라고 생각한다. '할 생각을 안 한다, 시킬 기회가 없었다'라며 '맡기지 않은, 시키지 않은' 여성에게도 책임이 있다. 입으로만 도와주며 가사 능력이 뛰어난 아내에게 모든 집안일을 맡긴 채 도망만 다니던 남편도 슬슬 가정 내 남녀 공동 가사일 참여를 실천해야 할 때가 왔다.

아내가 먼저 갈지, 남편이 먼저 갈지, 어느 쪽이 홀로 남게 될지는 오직 신만이 알 수 있다. 남성, 여성 모두 혼자 살게 되었을 때 집안일을 할 각오가 되어 있어야 한다. 지금까지 아내에게 모든 것을 의지해 왔던 남편들이여. 일이 서서히 한가해지고 집에 있을 일이 많아지기 전에 슬슬 '집안일을 도와줄 준비'를 하지 않으면, 진심으로 아내를 도와주고 싶어도 그때는 이미 늦었을 것이다.

아내들도 '도와주지 않는다'라며 한탄하기 전에 제대로 집안일을 부탁한 적이 있는지 반성하자. '굳이 이야기하지 않아도 알겠지'라고 생각하지 않았는가? 도와달라고 부탁해도 남편이 들어주지 않았던 적도 있었을 것이다.

나 또한 이런 경험으로 고민하다가 불현듯 깨달았다. 부탁하는 방법이 중요하다는 사실을 말이다. 쓰레기를 배출하는 날 아침, '쓰레기 좀 내다 놔!' 하며 억지로 떠맡길 것이 아니라 남편이 쓰레기 배출을 속박처럼 느끼지 않고 자유롭게 내다 놓을 수 있는 분위기를 만들어야 한다.

일단 쓰레기 배출일을 알려주고 당일 아침 현관 출입구에 쓰레기봉투를 정리하여 내놓는다.

하지만 이것만으로는 안심할 수 없다는 사실을 통감했다. 그대로 잊힌 채 현관에 방치되어 있던 우리 집 쓰레기봉투를 몇 번이나 목격했기 때문이다. 쓰레기를 내놓는 날 아침에 귀찮아도 다시 한 번 '오늘 쓰레기 버리는 날이야!' 하며 상냥하게 이야기했다. 이런 귀찮은 과정이 몇 번이고 반복

되었다. 하지만 지금은 남편 머릿속에 '쓰레기 배출일', '쓰레기 배출장소', '쓰레기 내놓기', 나아가 '책임감'이 입력된 듯 '어? 오늘 쓰레기 내놓는 날 아니야?' 먼저 얘기한다.

'말해도 모르는' 상대방에게는 거듭, 정중하게 부탁한다. 그리고 '덕분에 편해' 하며 솔직하게, 그리고 과장되게 기뻐하는 일도 중요하다. 부탁은 상대방이 스스로 움직이게 만드는 것이지 부탁하는 사람이 당당히 요구할 수 있는 권리는 아닌 것 같다.

하나뿐인 남편은 당신과 인연이 닿아 만난 사람이다. '이럴 줄은 몰랐다'라며 남편과 만나게 된 숙명을 한탄하기보다 '집안일을 맡기는' 방법에 대해 생각하고 실행에 옮기자. 한동안은 아내의 '득도와 인내'의 나날들이 이어질 것이다. 남편의 집안일을 늘리는 일은 노후의 나를 위해서이기도 하지만 남편을 위해서라는 것을 잊지 말자.

미리미리
내 노후의 모습을
그려본다

아직 건강할 때 자신의 노후에 대해 생각하기 싫은 마음은 충분히 이해한다. 누구나 나이를 먹고 싶지 않고, 늙어버린 자신의 모습을 상상하는 것만으로도 우울해지니 말이다. 하지만 인간인 당신은 언젠가 반드시 체력과 일 처리 능력이 저하될 것이다. 그렇게 일도, 활동 범위도 축소될 것이다.

　불현듯 그런 때가 닥친 후에 당황하지 말고, 미리미리 자신의 노후 모습을 머릿속에 그려 놓아야 한다. 노후를 향해 조금씩, 전반적인 생활 규모를 줄여나가야 한다.

여든의 나이에 큰 집, 큰 차, 폭넓은 교류, 많은 친구를 유지할 수 있으리란 보장은 없다. 나이 든 사람이 혼자서 큰 집에 살기는 여러모로 불편하다. 차도 작은 편이 운전하기 쉽다. 더구나 택시, 버스, 지하철 등 대중교통을 이용하는 것이 더 편리하다.

여든 이후 최대한 활기차고 건강하게 보내려면 생활 규모는 작을지라도 마음만은 만족스러운 나날들을 머릿속에 그려보며 지금부터 조금씩 실행에 옮겨야 한다. 나는 다음과 같은 계획을 세우고 있다.

① 여든 살을 목표로 작은 집으로 이사할 준비를 한다.
② 취미 서랍을 열어 다양한 일에 적극적으로 참여한다.
③ 유산 등에 관해서는 기회 있을 때마다 부부가 함께 상의한다.
④ 부부가 함께 상의해 연명치료는 하지 않기로 한다.

여든 이후의 삶을 대비하려면 필연적으로 한 번은 우울과 대면해야 한다. 너무 우울해지지 않는 선에서 나는 대략적으로 이런 간단한 일부터 시작하고자 한다. 내 삶의 목표는 앞서 이야기했듯 젊은 시절의 '하얀색 작은 트렁크' 하나로 내가 가진 짐을 축소하는 것이다.

검소한 생활을 즐기던, 또 그렇게 살 수밖에 없었던 젊은 시절을 똑같이 재현하기는 어려운 일이다. 그렇지만 나는 그때와 비슷한 여섯 평 남짓의 '원룸'에서 보내는 노후를 꿈꾸는 중이다.

인생이 끝날 때까지
계속 실패하며
성장한다는 사실

사람은 실수할 때 인성이 드러난다. 회사에서도 직원이 업무상 저지른 실수를 보고할 때 그 사람의 성격이 보인다. 열심히 하려다 유리병을 깨뜨리고, 너무 긴장한 탓에 장식품을 망가뜨릴 수 있다. 인간은 누구나 실수하며 산다. 그런 실수를 저지를 때, 성실한 스태프일수록 '죄송하다' 울먹이며 보고한다.

청소와 물건 깨기는 동전의 앞뒤와 같은 관계다. 나는 항상 직원들에게 이렇게 말한다.

"형태 있는 물건은 항상 깨지기 마련이다. 그러니 어쩔 수 없는 일이다. 하지만 고객의 소중한 물건을 망가뜨렸으니 진심으로 미안한 마음을 가져야 한다. 실수하면 솔직하게 보고하고, 진심으로 사과하기 바란다. 또 성의를 다해 고객의 요구에 부응해야 한다. 두 번 다시 똑같은 일이 발생하지 않도록, 왜 그런 사고가 발생했는지 제대로 파악하고 반성하기 바란다."

나는 업무상의 실수를 모두와 공유한다. 연수할 때도 모든 사람이 실패담을 공개하고 이야기를 나눈다. 스태프들은 내일 나에게 일어날지도 모르는 다른 사람의 실패담에 진지하게 귀를 기울인다.

나는 스태프들에게, 그리고 나 자신에게 이야기한다. 실패는 누구에게나 있을 수 있다. 따라서 신경 쓰지 않아도 된다! 내일부터 그 실패를 우리 인생의 밑거름으로 삼아야 한다. 인간은 실수를 통해 성장한다. 인생이 끝날 때까지, 우리가 살아 있는 한 실패는 계속될 것이다.

글을 마치며

마음청소가 끝났다면
이제 즐겨야 할 것이 있다

우리는 초고령사회를 살고 있다. 기대수명 100세가 더는 낯설지 않은 초장수 시대에 접어들었다. 마라톤으로 치자면 쉰 살이라는 나이는 정확히 코스 후반부로 진입하는 중요한 반환지점이다. 50대부터는 지금까지의 생활 습관을 돌아보고, 싱싱하고 활기찬 삶의 방식을 자기 나름으로 찾아나가야 한다.

 50대는 자기 삶의 드라마 전반부를 리셋하여 후반부를 어떤 이야기로 마무리 지을지 생각해야 하는 중요한 시기다. 자기 나름 만족할 수 있는 드라마 후반부, 다시 말해 쾌

글을 마치며 ✦ **231**

적한 노후 이미지를 머릿속에 그리고 이를 향해 도움닫기를 시작해야 할 출발선에 서 있는 셈이다.

50년 동안 쌓인 생활의 때와 많은 물건을 깨끗이, 시원하게 정리하는 일도 인생 후반부를 알차게 만들기 위해서는 꼭 필요하다. 물건과 마찬가지로 때로는 인간관계도 줄여나가야 한다.

이제 만나면 너무 불편하거나 서로 맞지 않는 사람과의 관계는 줄이고, 당신의 내면과 마음에 귀 기울이는 것이 중요하다. 이 모든 일은 여러분 마음먹기에 달려 있다.

지금까지 수십 년 동안 '제멋대로인 남편' 때문에 실망하며 살아왔다고 해보자. 어느 날 문득 남편의 늙어버린 얼굴과 모습을 발견한 당신. 앞으로 함께 살아갈 날이 많지 않다는 생각에 '가여운' 이를 돌보는 성모 마리아의 마음으로 남편을 대하겠는가? 아니면 '이젠 질렸어!' 하며 악마처럼 차갑게 내치겠는가? 어느 쪽을 선택하느냐는 여러분 마음에 달려 있다.

상대방을 변화시키기 위해 불가능한 노력을 하기보다 자기 자신을 변화시키는 편이 마음이 가볍다. 마음이 가벼워지면 인생이 환하게 펼쳐지기도 한다.

살다 보면 좋은 만남도 있지만 나쁜 만남도 있는 법이다.

하지만 어떤 만남에도 이별은 찾아온다. 말로는 표현할 수 없을 정도로 가슴 아픈 이별이 있는가 하면, 안도의 한숨이 나오는 기쁜 이별도 있다.

나 또한 지금까지 많은 만남과 이별을 경험했지만, 누군가 새롭게 만날 때마다 항상 '일생에 단 한 번뿐인 인연'이라는 말을 떠올리며 그 만남에 감사하고 내일을 위한 에너지로 삼아왔다.

사람은 다 제각각이다. 지금까지 살아온 인생도 다 다르다. 노후의 삶 또한 열이면 열 모두 다를 것이다. 아무리 나이가 들어도 아름답게, 계속 빛날 수 있는 인생은 당신 자신을 위해, 진정이 담긴 마음의 손으로 만들어가야 한다. 당당하게 가슴 쭉 펴고, 활기차고 밝게, 태양처럼 주위를 비추며 장수사회를 즐겨보지 않겠는가!

옮긴이 김진연

성신여자대학교 경영학과를 졸업했고 한국외국어대학교 통번역 대학원 한일 국제회의동시
통역학과를 수료했다. 현재 번역 에이전시 엔터스코리아 출판기획 및 일본어 전문 번역가로
활동하고 있다. 《가치 있는 나를 만나는 20가지 질문》《논어의 인간학》《돈키호테 CEO》 등
을 우리말로 옮겼다.

50이라면 마음청소

초판 1쇄 발행 2020년 8월 24일

지은이 오키 사치코
펴낸이 정덕식, 김재현
펴낸곳 (주)센시오

출판등록 2009년 10월 14일 제300-2009-126호
주소 서울특별시 마포구 성암로 189, 1711호
전화 02-734-0981
팩스 02-333-0081
전자우편 sensio0981@gmail.com

기획·편집 이미순, 김민정   **외부편집** 박은영
경영지원 김미라   **홍보마케팅** 이종문, 한동우
본문디자인 유채민   **표지디자인** Design IF

ISBN 979-11-90356-68-8 03190

소중한 원고를 기다립니다. sensio0981@gmail.com